丛书编委会

编委会主任：左　军

主　　编：杨　钊　马利明　王杨宝

副 主 编：郭光华　毛洪峰

编委会成员：王森林　严光星　姚发国　雷　鸣　张文阁

　　　　　　冯德胜　马玉芳　张　武　马金明　马家斌

　　　　　　陈兴和　李国龙　马玉山　朱　伟　李兵琴

　　　　　　王　瑛　刘明钊　狄国忠　张廷辰　阮彩云

　　　　　　周晓军

企业文化与职业道德

狄国忠 编著

黄河出版传媒集团
阳光出版社

图书在版编目(CIP)数据

企业文化与职业道德 / 狄国忠编著. — 银川：阳光
出版社，2014.7
（职工培训丛书）
ISBN 978-7-5525-1376-9

Ⅰ.①企… Ⅱ.①狄… Ⅲ.①企业文化 — 职工培训 —
教材②职业道德 — 职工培训 — 教材 Ⅳ.①F270

中国版本图书馆 CIP 数据核字(2014)第 162312 号

企业文化与职业道德 狄国忠 编著

责任编辑	李少敏
封面设计	李巧娜
责任印制	岳建宁

黄河出版传媒集团
阳 光 出 版 社　出版发行

地　　址	宁夏银川市北京东路 139 号出版大厦(750001)
网　　址	http://www.yrpubm.com
网上书店	http://www.hh-book.com
电子信箱	yangguang@yrpubm.com
邮购电话	0951-5045842
经　　销	全国新华书店
印刷装订	宁夏飞马彩色印务有限公司
印刷委托书号	（宁)0000127

开　　本	880mm×1230mm　1/32
印　　张	4.25
字　　数	85 千字
版　　次	2014 年 12 月第 1 版
印　　次	2014 年 12 月第 1 次印刷
书　　号	ISBN 978-7-5525-1376-9/G·1422
定　　价	20.00 元

前言

　　改革开放以来，我国大多数企业在企业文化建设方面作了很多有意义的探索，既注重学习国外企业文化建设的先进经验，又注意理论联系实际，结合中国特殊的国情以及企业本身的特点，构建具有自身特色的企业文化与职业道德模式。实践证明，企业文化塑造与职业道德建设对企业的发展具有十分重要的现实意义。

　　企业文化建设是时代发展的需要。企业文化增强了企业的竞争力。现代企业的竞争说到底是企业文化的竞争，优秀的企业文化是企业的"名片""无形资产"，也是企业在激烈的市场竞争中立于不败之地的"法宝"。企业文化增强了企业的影响力，优秀的企业文化能以良好的职业道德、精湛的技术、优质的服务赢得客户的信赖，能刺激客户，使其对企业产生有益的行为，使企业比较容易得到社会及人民群众的理解、信任和支持，从而促进企业发展。企业文化增强了企业的凝聚力和向心力。优秀的企业文化能使绝大多数企业员工具有正确的价值取向，从而易于对企业各项重大决策取得共识，激发使命感和责任感。

企业文化是企业实现效益最大化目标的内在动力。企业文化是企业长期生产、经营、建设、发展过程中所形成的管理思想、管理方式、管理理论、群体意识以及与之相适应的思维方式和行为规范的总和。企业文化是企业与生俱来的伴生物，有企业就有企业文化，有什么样的企业基因就决定有什么样的企业文化。职业道德是企业文化的深层要素，是企业无形的法规，是同行业之间、员工之间公认的竞争标准。加强职业道德建设，可以实现岗位行为与工作质量的统一，形成层层负责、全员对工作负责、企业对社会负责的良好作风，从而增强企业参与市场竞争的独特优势。

企业文化建设要突出企业精神和职业道德的培育和践行。要坚持用社会主义核心价值体系引领企业文化建设，组织开展丰富多彩的企业文化活动，塑造积极向上的企业精神，树立高尚的职业道德，促使企业诚信经营。要坚持以企业文化建设为载体，塑造适应企业发展的企业精神。企业精神是企业文化的核心，培育健康向上的企业精神，并以此作为感召员工、教育员工、凝聚员工的民心工程；通过开展企业形象策划、设计、讨论、展示等活动，强化员工的"形象"意识，使员工树立"厂兴我荣、厂衰我耻"的观念，使每位员工都明确岗位奉献与企业发展的关系，明白自己在岗位上应该为企业发展"做什么、怎么做"，从而把企业的效益目标、任务和要求落实到每个岗位，成为全体员工的自觉行动，以此来夯实企业管理的基础，激励员工为企业发展多作贡献。

　　本书是有关企业文化与职业道德建设方面的通俗读物，兼理论性与实践性于一体，适用于所有企业员工学习参考，也可以作为企业文化与职业道德建设方面的培训教材。通过本书的学习，实现企业员工自我教育和自我发展。本书力求通过理论与实践相结合的方式，运用通俗易懂的语言，阐述企业文化的企业价值观、经营理念和行为规范，阐述如何将企业文化与职业道德渗透于企业发展的各个领域，如何在企业文化建设中培育企业价值观、企业精神、企业经营理念，如何突出企业文化建设中的职业道德建设，使职业道德建设贯穿于企业文化塑造的全过程，提高企业员工的思想道德风貌，培养企业诚信经营的理念，提高企业的竞争力，提升企业的经济效益。

目录

CONTENTS

第一章　倡导一种精神：勤奋敬业 /001

勤奋敬业是成就事业的基石　/003
勤奋是立业之本　/007
敬业是人的天职　/011

第二章　把握一个底线：诚信守法/017

人无信不立　/019
诚信就是资本　/021
诚信经营孵化以质取胜　/023
守法就是投资　/025
先卖信誉，后卖产品　/026

一诺千金，践行诚信为本　/028

诚实守信，锻造企业形象　/030

第三章　突出一个核心：以人为本　/033

人是生产力发展中最活跃的因素　/035

人是企业发展的宝贵资源　/036

人是企业创造力的源泉　/037

关爱员工是企业文化的核心　/038

尊重员工就是提升企业的经济效益　/040

坚持用户价值高于生产价值　/041

第四章　抓住一个根本：质量效益　/043

质量就是信誉　/045

质量就是生命　/046

质量就是竞争力　/049

高质量产品赢得顾客忠诚　/050

质量文化铸就产品质量　/052

质量管理规定企业产品质量　/054

质量是企业素质的集中体现　/055

第五章　追求一个目标：创新品牌　/057

创新是品牌生命力的源泉　/059

概念创新是品牌创新之魂　/060

发明新产品是品牌创新之基　/061

科学技术是品牌创新之本　/063

核心价值是品牌创新的决定因素　/064

创新品牌的核心是特色　/065

创新品牌特色的保障是文化　/067

品牌管理是创新品牌的持续动力　/068

第六章　奉行一种信念：责任细节　/071

责任成就事业　/073

细节决定成败　/076

用心对待工作　/080

第七章　掌握一个关键：协作执行　/085

心中有全局　/087

静心悟全局　/089

潜心谋全局　/090

与同事相处是一种缘分　/092

团队精神是财富　/092

良好的人际关系是资本　/094

自发才能自动　/096

执行是一种能力　/098

工作要全身心投入　/099

CONTENTS

第八章　尊重一种风尚：独特服务　/101

乐于学习　/103

追求新知　/104

创新才有生命力　/106

求胜必得　/107

优质服务　/109

企业和消费者亲如一家　/111

每个员工都代表公司　/112

顾客永远是对的　/113

参考文献　/115

CONTENTS

第一章　倡导一种精神：勤奋敬业

勤奋敬业是企业员工最基本的工作态度。

勤奋敬业是成就事业的基石

　　勤奋敬业是企业员工最基本的工作态度。一个勤奋敬业的人无论在什么地方、从事什么职业，都能忠于职守，毫不吝惜地投入自己的全部精力和热情，渐渐地为自己的工作及取得的成绩感到自豪，总能赢得他人的尊重，事业的成功也将随之而来。一个对工作不负责任、无敬业奉献之心的人，往往是一个缺乏自信的人，也是一个无法体会人生快乐真谛的人，永远都得不到他人的尊重和领导的器重，最终可能一事无成。

　　史蒂文大学毕业后为了生计，做了一名银行职员，工作一年后，他发现自己工作时老是心不在焉，而且始终把这份工作看作谋生的手段。他发现自己并不热爱这份工作，虽然这份工作能给他带来不菲的收入，但是他早年的梦想是做一名社区工作者，这个职业工资不高，但能给他带来助人之后的满足，带来与人交往的乐趣。于是，经过一番思想斗争后，他毅然选择做一名社区工作者，为社区民众排忧解难。他非常投入，每天几乎没有上下班之分，他发挥自己的全部才华和潜能，工作干得非常出色。在干了社区工作十年后，他当选为所在州的议员，他为民众办事的理想得到了进一步实现，他也从工作中获得了更大的荣誉。

　　勤奋敬业是人们走向成功的助推器。勤奋可以让人摆脱困境，还可以获得经验、积累财富。敬业是一种对工作认真的态度，可以使自己具有更高的使命感和责任感，如果你是个敬业的人，你就可以在琐碎的工作中找到快乐，而快乐又可以让你更轻松地工作。

日本前邮政大臣野田圣子，是日本前运输大臣野田卯一的孙女，但她并没有借此在仕途上走捷径，而是通过自己的努力换来了成功。谁能想到这位出身名门的大家闺秀在自己的人生道路上寻找到的第一份工作居然是清洗马桶。一般人们一想到清洗马桶，就会觉得恶心，更何况是从未做过任何重活儿的野田圣子。野田圣子在第一天伸手触及马桶的那一刻就呕吐不止。上班不到一天，她就坚持不下去了，准备放弃。这时候，一名和野田圣子在一起清洗马桶的前辈主动走过来帮她清洗，这位前辈在清洗完马桶后，居然盛了满满一杯马桶水，在她面前一饮而尽。她告诉野田圣子："经过我清洗的马桶，不仅外表看起来干净，就连里面也是干净的。"野田圣子听了之后，脸立刻红了，她暗暗对自己说："就算一生要洗马桶，也要做一个洗马桶最出色的人。"从此，她改变了自己的工作态度。不久之后，她也达到了这位前辈的水平。当然，她也多次喝过马桶水。就这样，她漂亮地迈出了人生的第一步，从此踏上了成功之路。后来，野田圣子回顾这段经历的时候，毫不避讳地说："我真的很感谢那份清洗马桶的工作，正是它教会了我成长。"

勤奋敬业是一种工作境界。勤奋敬业的员工，无论薪水高低，工作中都尽心尽力、积极进取。只为薪水而工作的人，无法走出平庸的生活模式，也从来不会有真正的成就感。那些因为薪水低而对工作敷衍了事的人，对企业也是一种损害。企业是社会的一个经济实体，员工是企业的一分子，每个人都有自己应尽的责任和义务。只有在企业工作的每一个人都恪尽职守，企业运转的链条才能环环相扣，企业才能快速运转和健康发展。企业的效益好了，个人的价值才能得到更大程度的实现。

　　勤奋敬业是走向成功大厦的台阶。勤奋敬业的员工都能实现自己的人生梦想。事实上，在一个企业中，最容易得到晋升的并不一定是具有杰出工作能力的人，那些具有良好工作技能并且勤奋敬业的人也能得到管理者的赏识。只有勤奋敬业的人，才能在这个人才辈出的时代走出一条属于自己的完美的职业道路。

　　华勒是一家建筑公司的总经理。看着坐在高档办公室里的华勒，谁能想到他当初是作为一名普普通通的送水工被招聘到这家建筑公司的？当时，刚刚被招聘到公司当送水工的华勒并不像其他送水工那样总是抱怨工资太低。当其他送水工躲在墙角抽烟的时候，他总是默默地给每一个工人的水杯倒满水，并在工人休息的时候向他们询问关于建筑的各项工作。不久之后，勤奋好学的华勒引起了建筑队长的注意，队长破格录用华勒担任建筑工地的计时员。当上计时员的华勒依然勤勤恳恳地工作，他总是公司里最早上班、最晚下班的人。由于他对打地基、垒砖、刷泥浆都非常熟悉，当建筑队的负责人不在时，工人们总喜欢向他请教工作中的问题。一次，工地上的红色危险警示灯不够用了，可新的还没有买来。华勒担心发生事故，他琢磨一会儿后，找到了一块旧的红色法兰绒，把它撕开包在日光灯上，替代危险警示灯。公司总经理在视察工地时，看见了这盏奇特的警示灯，当他知道是华勒做的以后，决定让这个勤恳又能干的年轻人做自己的助理。后来，华勒一步步迈上了总经理的职位。

华勒最初只是一名普普通通的送水工。但是，凭借勤奋敬业的工作态度，他获得了赏识，一步一步地实现了自己的人生价值。

勤奋敬业是实现自我价值的途径。在工作中，一个人能否实现自我价值的关键在于是否对自己所从事的职业尽职尽责、认真负责、善始善终。勤奋是一种最基本的工作态度，敬业是一种最基本的做人之道。

在微软总部，曾经有这样一位女清洁工，她每天都尽职尽责地工作。在精英聚集的微软，这个职位小得甚至可以被人遗忘的清洁工，每天都坚持最早上班、最晚下班。最关键的是，她从来没有因为自己是一个普通的清洁工而抱怨过自己的工作，她用她的热情去感染着周围所有的同事。慢慢地，在这位清洁工的感染下，整个办公大楼呈现出一种快乐的工作氛围。

不久之后，比尔·盖茨听说了这位清洁工的事情，他觉得很诧异，一个微不足道的清洁工居然能有这么大的影响力。他忍不住问她："尊敬的女士，你能否告诉我，为什么你处在这样一个职位还能坚持每天尽职尽责地工作呢？"清洁工微笑着回答："因为做好工作就是我的责任啊！虽然我没有什么知识，但我依然很感激企业能给我这份工作，可以让我有不菲的收入，足够支持我的女儿读完大学。而我对这美好现实唯一可以回报的，就是尽一切可能把工作做好。一想到这些，我就非常开心。"

女清洁工自然流露出的那种爱岗敬业的感恩之情深深地打动了比尔·盖茨。比尔·盖茨笑着说："只有把工作当成使命的人，才能把工作做到最好。虽然她缺少专业技能，但只要她有这样的使命感和责任感，我相信她一定会做得很好！"后来，这名女清洁工果然没有让比尔·盖茨失望。不久，这名女清洁工就当选为微软的优秀员工。

因此，你想要在这个时代脱颖而出，就必须付出更多的努力，拥有积极进取、奋发向上的决心，这样才能摆脱平庸，真正成为一个有价值的人。所以，不管你现在从事什么样的工作，无论你是普通的建筑工人还是IT精英，只有勤勤恳恳地工作，才能获得成功。

勤奋是立业之本

古往今来，成就事业的人无不勤奋。

战国时期的苏秦，开始虽有雄心壮志，但由于学识浅薄，跑了许多地方都得不到重用。后来他下决心发奋读书，有时读书读到深夜，实在疲倦的时候，就用锥子往自己的大腿上刺，刺得鲜血直流。他用"锥刺股"的特殊方法驱逐睡意，坚持学习，后来终于成了著名的政治家。

美国出版人阿尔伯特·哈伯德在《你属于哪种人》中讲道：古罗马人有两座圣殿，一座是勤奋的圣殿，另一座是荣誉的圣殿。要想到达荣誉的圣殿就必须经过勤奋的圣殿。

勤奋是通往荣誉的必经之路，那些试图绕过勤奋、寻找荣誉的人，总会被排斥在荣誉的大门外。而那些在事业上取得一定成就、获得荣誉的人，无一不是在简单的工作和低微的职位上通过勤奋而一步一步走过来的。他们在一些细小的事情中找到个人成长的支点，用认真勤奋的态度和坚持不懈的努力打破困境，走向成功。

作为一名企业员工，在日常工作中，要把勤奋作为基本的工作态度，以勤奋弥补其他不足，以对工作的热情和勤奋赢得公司对自己的认可，以出色的工作业绩赢得公司领导对自己的尊重。勤奋是每个人成功的必要条件。勤奋可以提升能力，勤奋可以创造业绩，勤奋可以激发工作的积极性。勤奋源于危机与压力，也源于对事业的热爱与忠诚。不一定每一个勤奋的人最终都会成功，因为每个人的成功受各种主客观因素的影响，但每一个人的成功都离不开勤奋。企业家的成功更是如此。

李嘉诚说："在二十岁前，事业上的成功100%靠双手勤劳换来；二十岁至三十岁，10%靠运气好，90%仍由勤劳得来；之后，机会的比例渐渐提高；到现在，运气已差不多要占三至四成了。"李嘉诚在事业上艰苦奋斗，数十年如一日，从不懈怠。在青少年时期，他度过了一段"披星戴月上班去，万家灯火返家来"的岁月。

那个时候，他每个星期的上班时间是七天，每天的工作时间是十五六个小时，有时简直忙到连理发的时间都没有，长久与电影院"绝缘"。他节衣缩食，勤俭度日，还经常从旧书摊上买来旧书、旧杂志吸取文化营养。成家立业之后，他仍然保持艰苦奋斗的美德。他的手表，总要拨前10分钟以免误事。有好长一段时间他坚持上夜校进修，提高文化知识水平，回家后仍通过录音机靠"空中隐形教师"学习英语。成为"地产大王"之后，他仍然每天在上下班或办事的空隙时间读文件、读资料。

　　被称为"台塑大王"的王永庆常说："一勤天下无难事。"这句话贯穿了他整个奋斗的人生。王永庆身上折射的是一个时代的缩影，他是通过勤劳简朴、顽强拼搏而白手起家的一代中国人的杰出代表。有一个学生向王永庆请教："您能告诉我，您的成功，到底是勤奋重要还是运气重要？"王永庆回答："我负责地告诉你，年轻人，我用一生的勤奋就是为了证明我的运气比别人好。"在经营塑胶的时候，王永庆完全是一个门外汉。他甚至都没有听说过"塑胶"这个词，在他周围也很少有人知道。他没有人可以去请教，但是他并没有就此放弃。下定决心做塑胶生意后，他天天泡图书馆查资料，从基本的原料到塑胶的生产工艺，甚至对塑胶的化学衍生过程，他都仔细研究。为了有充足的时间去图书馆，他每天只吃两顿饭，通常在图书馆一待就是一天，直到晚上才从图书馆里出来。在那一段时间里，他仅记资料就记了十几个笔记本。功夫不负有心人，在短短一年时间里，他就成了人人都朝他竖大拇指的"塑胶通"。

王永庆每天晚上十点睡觉，凌晨两点半起床办公，每周工作一百多个小时，几十年如一日。吃苦耐劳是王永庆成功的秘密。

软银公司的创始人孙正义说："我不是天才，我只是比一般人更勤奋努力。"1982年，软银公司以"黑马"的姿势出现在日本企业界。那段时间孙正义非常忙碌，他往往会忙得忘了吃饭，没有周末和假日，每天的睡眠时间不超过六个小时，即便是睡着，在梦中想的也是工作上的事情。企业领导人的这种拼命精神激励了企业员工，有的员工忙得好几天都没有回家，晚上困得顶不住的时候就随便找个地方对付。这种从上而下的"拼命三郎"的精神，使得软银公司能够以最快的速度在日本软件流通行业中脱颖而出。

娃哈哈的创始人宗庆后认为自己成功的秘诀就是勤奋。他除了工作，几乎没有任何的休闲时间。每天早上七点就到办公室，晚上忙到十点多才回家。即使在过年期间，也每天上班。创业之初，娃哈哈为区属学校提供服务，以卖纸张、文具、冷饮为主营业务。区属学校来一个电话，他就要蹬着三轮车将货送上门。宗庆后虽然名义上是校办企业的总经理，但实际上既是搬运工又是送货员。2002年8月，为新建分厂考察选址，宗庆后创下了十二天跑遍大半个中国的纪录。一年中，他有二百多天都在市场一线考察。娃哈哈员工在接受《新财经》采访时曾说，宗庆后是娃哈哈的头号"拼命三郎"。

比亚迪的创始人王传福工作勤奋，没有周末，一天工作十二个小时。在争取与摩托罗拉合作的"战争"中，锂电池公司的所有人都在一个大办公室里办公。他是加班到最晚的一个人，经常和员工一起准备材料、样品以及测试设备。在王传福言传身教的影响下，比亚迪人都十分敬业。虽然每一个人对庞大的比亚迪而言，都只是一颗螺丝钉，但他们极为看重并尽力做好眼前的每件事。比亚迪的经销商感言："我们发现，销售公司的老总给我们回邮件，时常是半夜甚至凌晨。这让我感觉到比亚迪人做事的认真。"

从以上企业家的事例中，我们可以看出，在创业过程中，企业家的勤奋是成功的基础。李嘉诚、王永庆、孙正义、宗庆后、王传福等成功的企业家无一不是从勤奋走向成功的。他们身上都表现出了勤奋的特质。

这种特质意义深远。小而言之，这种特质是企业家人格魅力的组成部分；大而言之，这种特质会演变为一种企业文化，影响到每一个企业员工的信念、态度与行为。

勤奋带来企业的繁荣。很多企业的繁荣，事实上是企业家及员工通过艰苦奋斗获得的，为了将企业的繁荣维持下去，企业家及员工必须继续勤奋努力。我们有理由相信：虽然勤奋的企业家不一定最终都会成功，但成功的企业家一定都很勤奋。

敬业是人的天职

说到敬业，我们通常的解释是：对待工作要用心。南宋哲学家朱熹说过："敬业者，专心致志以事其业也。"这是对敬业精神最简洁、最精辟的概括。我们今天崇尚的敬业精神，就是要做到干一行、爱一行、钻一行，精益求精，忠于职守。这种敬业精神，对个人表现为全身心地投入到事业中并贯彻始终，对集体则表现为凝聚起为集体利益拼搏的合力。美国职业成功学家詹姆斯·罗宾斯对敬业的理解跟我们的理解不太一样，他是这样阐述敬业精神的：敬业，就是尊敬、尊崇自己的职业。如果一个员工以一种尊敬、虔诚的心灵对待职业，甚至对职业有一种敬畏的态度，他就已经具有了敬业精神。但是，他的敬畏心态如果没有上升到视自己职业为天职的高度，那么他的敬业精神就还不彻底，他还没有掌握它的精髓。詹姆斯·罗宾斯对敬业的理解是：敬业是人的天职！

敬业是人的使命所在。敬业就是敬重自己的工作，将工作当成事业来做，要忠于职守、尽职尽责。其实，敬业并不仅仅有益于企业，敬业最大的受益者是员工自己。当员工将敬业变成一种习惯时，就能从中学到更多的知识，积累更多的经验，我们便能从全身心投入工作的过程中找到快乐。事无大小，竭尽全力，力求完美，是成功者的标志。因此，无论做任何事，务必竭尽全力，处处以主动尽职的敬业精神去做。

在企业，要提倡敬业精神。马克斯·韦伯认为，到现在为止，人类社会之所以有二百年的工业进步，之所以人类社会在以前没有这种进步，主要是因为这二百年来出现了一种新型的人。这种人与以往的人的最大区别是有一种敬业的精神。这种视事业为生命的人，往往是能够造就自我和成就企业的人。因此，敬业是一种人生态度，是珍惜生命、珍视未来的表现。我们每个人都有责任、义务去做好每一项工作，我们都应该为企业尽一份心、出一份力。

但是，我们不得不承认，目前在我们国家经济社会转型的过程中，一些企业员工的敬业精神并不尽如人意。著名管理咨询公司盖洛普在中国进行的一项"员工敬业度和工作环境研究"显示，过去十多年来，尽管中国GDP年均增长率在10%以上，但企业员工的敬业度并没有随着经济的发展而显著提高。调查结果显示，中国的敬业度指数（即敬业员工与怠工员工的比例）仅为0.5∶1，而美国的敬业度指数是1.5∶1，澳大利亚和巴西的敬业度指数是1.2∶1，泰国的敬业度指数是1∶1，英国的敬业度指数是0.7∶1。

面对如此落后的敬业度指数，中国企业必须设法提高员工敬业度，重视员工的工作环境，培养员工对企业的归属感。

盖洛普公司首席顾问吴涛告诉《环球企业家》，员工敬业度调查得分最高的25%的团队与得分最低的25%的团队相比，生产效率提高38%，利润率提高27%，客户满意度提升56%。以2006年中国城市就业人口及人均GDP数据为例，盖洛普公司发现，由于怠工员工的低效率工作造成的潜在经济增长损失约占当年十城市GDP的5%。

盖洛普公司的这项研究覆盖了国民经济的主要行

业，包括政府机构、金融业、服务业、制造业、建筑业、零售业、IT服务业等，调查数据显示政府部门和金融行业的敬业度指数居于前列，建筑业的指数最低，这反映了中国目前经济结构方面存在的诸多问题，特别是劳动密集型企业、服务行业的敬业度有待提高。

由以上的数据我们可以看出，大而言之，敬业关系到一个国家的命运，小而言之，关系到行业、企业和个人的兴衰成败。

古今成大事者，无一例外，都是敬业的典范。在这方面，全球首富比尔·盖茨就是一个典型的例子，值得我们学习和借鉴。

比尔·盖茨也许不是哈佛大学数学成绩最好的学生，但他在计算机方面的才能却无人可以匹敌。他的导师不仅为他的聪明才智感到惊奇，更为他那充沛的精力而赞叹。在阿尔布开克创业时期，除了谈生意、出差，比尔·盖茨就是在公司里通宵达旦地工作。有时，秘书会发现他竟然在办公室的地板上鼾声大作。不过为了能休息一下，比尔·盖茨和他的合伙人艾伦经常光顾阿尔布开克的晚间电影院。比尔·盖茨除了具备一个真正的企业家所具有的创新精神、合作精神之外，还有一种必不可少的精神，那就是敬业精神。

通用电气公司的总裁杰克·威尔奇曾经说过："任何一家想靠竞争取胜的公司必须设法使每个员工敬业。"敬业的人是企业争抢的香饽饽，员工敬业的直接结果是企业的不断发展。希望自己的事业兴旺发达，是每个企业家的愿望。本着这样的愿望，他自然就会需要一个、几个乃至一批兢兢业业、埋头实干的下属。你如果具有这样的品质，那你必然是受老板欢迎的人。而且，你的这种敬业精神也会在一定程度上感染身边的其他人，形成良好的工作氛围，你也会受到同事的欢迎。你被认可、被重用、被提拔将是再自然不过的结果。

成功从来都不是靠天资和运气，而是靠踏踏实实的努力。各行各业的成功者无不是靠敬业精神打造出属于自己的一片天空的。敬业不是高悬庙堂不可企及的标语，它没有高下、多少之分。一名铁匠，无论寒冬、酷暑，都认认真真地把工作做好，锤一千下才能做好的东西，绝不锤九百下，这就是敬业；一名市场专员，不惜熬夜加班，把一份完美的策划方案及时递交给老板，这就是敬业。阿尔伯特·哈伯德说："一个人即使没有一流的能力，但只要拥有敬业的精神同样会获得人们的尊重；即使你的能力无人能比，却没有基本的职业道德，一定会遭到社会的遗弃。"任何一家想要有所发展的企业都必须有一批敬业的员工。没有敬业的员工企业就无法给顾客提供优良的产品和服务，也就无法促进企业的发展。勤奋、努力、尽忠职守的员工，会以他们执着的敬业精神和切实的行动，推动企业走向一个又一个辉煌。而对员工来说，具备敬业精神可以促使他们完美地履行责任、圆满地完成任务。这不仅会为他们赢得生存和财富，还会为他们打开职场之路，从而帮助他们实现人生价值。任何成功的企业或个人背后，必然有良好的敬业精神作为支撑。若公司里人人都是"赵月芳"，则公司个个可成为"五百强"，这就督促企业寻找具有敬业精神的员工，也推动员工不断提升自己的敬业精神和工作能力。英国首相丘吉尔说："不能爱哪行才干哪行，要干哪行爱哪行。"我们不一定都会有自己喜欢的职业，但我们绝不能碌碌无为、虚度年华，这时就要有敬业精神。在竞争愈演愈烈的现代职场，敬业更是成就大事不可或缺的重要条件。敬业，就让我们从自己做起。

第二章 把握一个底线：诚信守法

■「人无信不立」。诚信是道德的基本范畴，是道德中的道德，是「元道德」。

人无信不立

"人而无信，不知其可也""自古皆有死，民无信不立"，很好地诠释了诚信在社会生活中的重要性。诚信作为做人、立业之本，是中华优秀传统文化的重要内容。"诚""信"早在春秋战国时期就为人们所广泛使用，"诚"含有"真""诚实"之意，"信"含有"守信""信用"之意。在现代社会，诚信不仅是个人立身行事的根本，是人际交往的基本准则，也是社会公共秩序得以维持的基石。

诚信是一种朴素的美德。诚信不是什么豪言壮语，但它却闪烁着动人的光芒。

"诚信哥"——吉林蛟河05710号投注站的经营者徐金库，面对外地人丢失在店内的中奖彩票，坚守着责任与诚信，帮助失主兑出奖金，同时千方百计寻找中奖人，最终把近万元奖金归还失主，虽然当时他每月投注站的收入只有五百多元。他说："如果不那样做，我就昧良心了。"

诚信是为人处世的基本准则，也是我们民族的传统美德。只有诚信才能取信于人，一个言而无信的人不可能得到他人的尊重和社会的认同，不可能拥有真正的成功。

佛山自古就是商贾云集、工商业发达的岭南重镇，在佛山，信用已经渗透在这个城市的基因中、血脉里，成为立人之本、经商之魂和为政之法。在现代化浪潮的冲击下，佛山凭着这股深厚的历史信用积淀，建立了有序的社会信用体系。

做人如此，经营企业亦如此。市场经济就是信用经济，没有信用，谈何交易？市场经济下，利润是企业经营者所追求的，但不能唯利是图。一些企业埋没良心，拿消费者的健康和生命为赌注以博一己之利，这种做法是违背天理人伦的。企业应该把诚信视为一种社会责任，视为企业生存发展的基础。事实上，那些"黑心"企业、没有信誉的企业，从来没有能够长久经营下去的。比如，三聚氰胺奶粉、地沟油、染色馒头、瘦肉精……相关企业面临的不仅是倒闭的命运，还有法律的制裁。

诚信是一定要坚守和践行的。让我们从自身做起，从一点一滴做起。同时呼吁有关部门尽快建立起保障诚信的更加有效的机制，引导和规范人们诚信做人做事。不要让诚信者得不到好名声反而遭人诬陷，不要让那些善举或义举为社会的文明进步付出不该有的代价；要让不讲诚信者付出更大的代价，要用事实告诉人们：不讲诚信没有好报。通过全社会的努力，让诚信的浩然正气蔚然成风。

诚信是一种社会责任。在经济活动中，诚信渗透并贯穿于生产、分配、交换、消费的全过程。所以，成熟的市场经济就是信用经济。在政治活动中，诚信也是责任，比如，行政管理要顺利进行，离不开管理者和被管理者之间的忠诚守信，只有作为代理人的管理者保持对管理对象的忠诚守信，才能更好地为被管理者服务；只有管理对象本着对管理者的忠诚守信，行政管理才能顺利进行并发挥作用。在人与人的交往活动中，把诚信视为一种责任，才能实现人与人之间的相互尊重、相互帮助，达到共同进步的目的。在人与自然的活动中，诚信意味着人类对自然界担负责任。人与自然的和谐，是建立在人与人之间的和谐、人与社会之间的和谐基础之上的更高要求。人对自然规律的诚信，才能使自然保持生态平衡，人类的家园才不至于遭到破坏。

诚信就是资本

诚信是企业文化的灵魂，是企业生存的基础，是所有企业人的基本追求。企业应努力建立员工诚信机制，以保障企业诚信。企业诚信的主要表现就是企业的产品使客户满意，就是企业使投资者获得稳定的收益。

诚信是企业的立业之道，也是商家成功的基石。谋取利益是商家的天性，但根本前提是不能损害他人的正当权益，所谓"君子爱财，取之有道"就是这个道理。现实中，一些商家不讲诚信，他们通过欺骗别人获得更多的利润、报酬或名誉。但他们没有想过或很少想过，这样做只是暂时的利益、眼前的利益。从本质上说，这种行为会导致企业或商家的诚信资本的流失。

诚信创造机会。诚信能获得更大、更长远的成功。西方一位哲学家说过："丧失了财富，可以说没丧失什么；当丧失品德和诚实时，就失去了一切。"如果一个人不把才能用在正道上，则有可能误入歧途。随着市场经济的规范化，诚信已不仅是一个基本的道德问题，而且日益成为人们生存的一种不可或缺的重要条件；诚信不仅表现为单纯的人格要求，而且更直接地体现出人们现实和长远的利益。

天粮餐饮管理有限公司（简称天粮餐饮）长期致力于中小型餐饮加盟项目，凭借诚信经营，从一个只有十几人的小型公司，发展到目前的千人企业，始终处于行业前端。目前天粮餐饮旗下有十几个项目，每个项目都拥有无与伦比的特色优势，使每个加盟商都能成为周边商圈的明星店铺。天粮餐饮踏踏实实做实业，真实诚恳对客户，获得了加盟商和顾客的一致认可，促进了整个加盟市场的良性发展。

诚信就是资本。随着企业诚信对市场价值影响的日益攀升，诚信在品牌中的核心价值地位日趋明朗。当今时代，企业的价值在于品牌，品牌的核心在于诚信，企业的竞争最终是基于品牌价值的诚信竞争。

养猪大户龙秋华诚信经营回报社会。二十多年耕耘，龙秋华使一个小小的养殖场变成拥有上亿资产的规模企业。"讲诚信，负责任"是他和企业的安身立命之本。龙秋华说："诚信就是资本，我绝不能以任何形式欺骗消费者与合作伙伴，不能自己砸自己的招牌，我要做的是长久的事业。"他一直用实际行动践行着诚信这一庄严承诺。

诚信就是发展。一个信用缺失、道德低下的社会，不可能有快速、持续、良性的发展和进步。只有讲诚信，才能建立正常的经济、生活秩序；只有讲信用，才有人和人之间的相互信任，社会生活才能正常运转。诚实守信的人，虽然有时会失去眼前的利益，却能赢得可持续发展，才能基业常青。

在浙江省台州市枫南小区门口，有一个自助售奶摊，摊主阿更每天下午四点左右出现在这里，装好一袋袋牛奶之后离去，并留下一个牌子："卖牛奶老板送牛奶了，塑料盆底下找零钱。大袋四元，小袋二元。"十五年来，这个无人看管的牛奶摊，全凭顾客自觉，却分文不差。这背后是诚信的力量。在阿更看来，这个小摊让他收获了与生意同样重要的诚信。他说："我会一直摆下去！"

在人生的选择面前，我们难免会徘徊，但是最终我们必须选择诚信。诚信是做人最基本的原则，没有诚信，人与人之间的友情、亲情，甚至爱情都将是无稽之谈；没有诚信，社会、经济的发展都会受到极大的阻碍。作为企业，我们要允许诚信可能带来的代价，包容诚信产生的损失，我们相信：因为诚信，企业在产业报国的道路上会多一份谨慎和责任。

诚信经营孵化以质取胜

诚信是做人做事的基本准则，但在浮躁的年代，有些人总认为，诚信是老实人的品行，老实人在社会上会吃亏，在生意场上更是赚不到钱。其实，用心观察，仔细琢磨，你就会发现，诚信是人成功的必要条件。历史上凡成大器者，无不是以诚服众、以诚赢得尊重、以诚取得成功。诚信是世界上最宝贵的资源。诚信是底线，是生命线。以企业为例，企业的成熟往往以品牌的形成作为标志，而使品牌具有生命力、让品牌发挥作用的首先是诚信。企业不讲诚信，谁还会相信这个品牌？大家都不相信这个品牌，企业还能生存吗？所以企业产品的质量和品牌的第一个评价标准是信任度。

天津桂发祥十八街麻花食品股份有限公司董事长李辉忠秉承"让老百姓吃上放心的食品，让十八街麻花货真价实"的信条，几十年来始终坚持"以德正身，以诚待人，以信做事"的企业发展理念，以诚信坚守让中华老字号熠熠生辉。

李辉忠将"诚信经营、以质取胜"的理念，贯穿到企业生产、经营、销售的每一个环节。他坚持开展丰富多彩的企业文化活动，不断强化员工的职业道德、诚信教育，在他看来，每一道工序都有质量否决权，每一名职工既是产品生产者也是产品检验者。如今，"以质取胜，安全至上，追求卓越"的质量意识已深深根植于每一位员工心中。多年来，集团商检抽箱合格率达到100%，向客户提供食品安全率达到100%，合同履约率达到100%。良好的质量和信誉为企业开拓了广阔的空间。

从以上案例，我们可以领悟到：

第一，诚信是人追求自我价值实现的需要。做人做事不能只盯着眼前的利益，要有长远的眼光，要坚守诚信准则，要追求人生的价值。

第二，诚信是人自身发展的必然要求。人有发展的需要，而发展是一个积累的过程。这种积累既包括知识、能力的积累，也包括身体健康的准备，还包括品行操守的磨炼。

第三，诚信是会得到丰厚回报的。一个人一生恪守诚信的道德规范，他就会得到越来越多的信任，个人的声誉就会不断增长，个人的事业就能越做越好。

第四，诚信是需要时时去遵守的。要像爱护生命一样始终遵守诚信。

守法就是投资

有人说，有些人通过不太守法的方式获得第一桶金，才有机会发展，才能不断壮大，等他壮大到一定程度，他以前犯的错就被社会认可了。如果我做守法的人，我一辈子也没有获得第一桶金的机会，那我是不是也可以钻一点法律的空子呢？这种说法是错误的。我们认为，中国社会主义市场经济体制越来越完善，人们应该在法律法规许可的范围内创业，这是正道，只有这样才能取得真正的成功。

守法是对未来经营环境的一种投资。对企业来说，照章纳税、守法经营是企业持续发展的经营要求。对个人来说，遵循诚信规范，才能得到他人的信任，从而进行有效的社会交往。

守法形成管理的资本。作为企业，守法就能形成秩序，就能赢得社会公众和同行的信任。守法是企业长足发展的基础和前提。企业坚守国家的法律法规，坚守内在的企业道德，是一种无形的管理资本。作为个人，守法在于管理自己，赢得资本。当你管理好自己时，你就能成为组织中最好的成员，就能取得领导的资格，大家才会信任你。

依法经营、照章纳税、保障职工的合法权益，这是一个企业最基本的要求，也是企业生存的基础。现实中大多数企业在这方面做得很好。有些企业还奉行"守法就是投资，诚信就是资本"的理念，并在企业经营中一以贯之。他们时常教育企业的干部和员工：一些短期行为和不肯付出规则成本的做法是错误的，迟早会付出更大的代价。

"假鱼翅"事件曝光后，消费者感觉被欺骗，不再消费鱼翅。北京的鱼翅市场门可罗雀，不少商家的正常经营也遭受了重创，一些店主大道苦水，认为市场上的假鱼翅对自身的正常经营造成了严重的影响。许多餐饮企业也发出了"拒绝鱼翅"的郑重倡议：面对消费者利益被侵害、鲨鱼被大量捕杀的现状，我们理应有所担当，承担应有的社会责任，不以任何方式对外提供、制作、销售鱼翅类产品，做有良知、有社会责任感的商家。

先卖信誉，后卖产品

营销不是"卖"而是"买"，是通过销售产品这一环节树立产品美誉度，"买"到用户忠诚的心，"买"到用户对企业的信任感。

1995年7月6日，海尔广州工贸公司与潮州用户陈志义约好7月8日上门送去他选购好的一款滚筒洗衣机。那时，潮州还没有海尔的专卖店。7月7日上午，驻广州的服务人员毛宗良租了一辆车，拉着洗衣机上路了。途中车出了问题，此时离最近的海丰城还有两公里路。烈日下，毛宗良拼命地拦偶尔过往的车，但司机都不愿意拉。毛宗良开始在路边找绳子，他决定将洗衣机背到用户家！就这样，歇歇走走，两公里路走了两个多小时，到达海丰城时，已是下午五点多了。此时的他又累又饿，但他做的第一件事便是与销售公司联系，请他们派车来提洗衣机。洗衣机到达潮州时已是夜里十二点多了！7月8日一早，洗衣机被准时送到用户家安装。

毛宗良"背洗衣机"这一行为，实践了海尔"先卖信誉，后卖产品"的营销理念。这些举动在海尔用户服务中比比皆是。正是坚持这一理念，海尔才逐渐赢得了今天的兴盛和辉煌。

产品者，物化也；品牌者，人化也。因此，要时刻关注客户的需求，耐心聆听客户的意见，急客户之所急、排客户之所忧、解客户之所难，真心把客户利益视为企业利益，依靠客户效益的最大化促进企业效益的最佳化。源源不断地为客户提供优质的产品与快捷高效的服务。围绕客户的需求，调整企业管理与运行机制，一切从客户需求出发，以客户满意为最终目的。

一诺千金，践行诚信为本

相传季布说话算数，当地流传："得黄金百斤，不如得季布一诺。"一诺何止百金，有时甚至可以主宰一个国家贸易的兴衰。

16世纪中后期，一艘商船从荷兰起航，船长巴伦支带领十七名水手，开始了冒险之旅。除了客户委托的贸易业务外，巴伦支还要探索从北极到亚洲的新航道，以避开激烈的海上竞争。经过俄罗斯的三文雅岛屿时，天气极度恶劣，他们的船只被冰封的海面围困，不能动弹，只能等待时机出逃。三文雅岛屿地处北极圈内，冬天气温在 -40℃。他们想尽办法求生，靠燃烧搁浅船只的甲板取暖，捕杀北极熊和海象充饥，用动物皮毛御寒，但难敌严寒、饥饿。水手们相继病倒，有几名水手不治而亡。直到第二年初夏，巴伦支和船员们才被俄罗斯人搭救。让人难以置信的是，就在搁浅的船只上，有大量保存完好的衣物和药品，完全可以保障水手的生命。巴伦支说："那是客户所托，我们的使命就是把货物交给货主，宁死都不会染指。"荷兰水手的诚信之举，震惊了当时的市场，也让荷兰打破了葡萄牙和西班牙的海上贸易垄断。

在中国，一诺千金，践行诚信的企业比比皆是，也正是这种诚信观，造就了许许多多的中华老字号。这些中华老字号无一例外地将诚信当作立业之本。

北京同仁堂历史悠久，所用药材极为挑剔：人参用东北吉林的，蜂蜜用河北兴隆的，白芍用浙江东阳的，大黄用青海西宁的，山药必须是河南的光山药，枸杞必用宁夏所产。拿到药材后，加工要求也很苛刻：黄连必须一根根地去掉须根，远志要手工除掉有副作用的芯……这在讲究高效率的社会，未免显得太过繁琐，然而正是这些细节，延续了同仁堂的美誉。老同仁堂人常常教育新来的伙计："修合无人见，存心有天知。"

丁新民把企业信誉看作生命。他定下这样一条铁律："东方路桥承建的所有道路都要比国家标准高一个等级，三级按二级干，二级按一级干，一级按高速干，高速按样板干。"1999年，公司修建的杭南路按照国家标准已完全合格，但路面的平整度和洁净感还未达到集团要求，丁新民现场拍板重修。

丁新民始终对客户讲诚信。2002年8月，东方路桥承建神华集团场平工程。对方要求一个月内必须完成，且必须先交三百万元保证金。丁新民说："我交六百万，到期完不了工我分文不要！"他在施工一线亲自指挥、亲自调度，最终，东方路桥用二十六天拿下这项工程。企业被誉为"草原上的筑路铁军"！

丁新民始终对员工讲诚信。企业创立之初，他承诺要"让无产者变为有产者"。现在，他领导下的企业为员工盖起户均一百二十平方米的住宅楼，并为员工办理了养老保险和医疗保险。员工收入以每年10%以上的速度递增。

丁新民始终对社会讲诚信。集团成立之初，就确立了"照章纳税不躲闪，合理缴费不躲闪，回报社会不躲闪"的原则。1999年，集团刚起步就成立了光彩事业基金会，用于资助社会公益事业。十年来，集团累计上缴税金三亿元，为社会公益事业捐款近两亿元，被评为鄂尔多斯市"重合同守信用"企业和内蒙古自治区"诚信纳税先进企业"。

一诺千金，是企业成就事业的出发点。大量事实证明，凡是成功的企业无不践行诚信为本的原则。

诚实守信，锻造企业形象

企业诚信重在建设。企业要紧紧围绕提升经营管理水平、促进经济社会发展的目标，大力推进企业诚信经营的机制建设。企业党组织要充分发挥战斗堡垒作用，广泛开展诚信企业创建活动，主动履行社会责任，自觉维护社会主义市场经济秩序，积极营造有利于企业诚信建设的社会舆论，确保企业文化建设不断迈上新台阶。

企业诚信关键在落实。各类企业要加强内部管理，模范遵守社会公德、商业道德以及行业规则，忠实履行合同，恪守商业信用，坚决反对商业欺诈等行为。要依法管理、诚信经营，正确处理企业发展和企业诚信之间的关系，不断加大对损害消费者和社会公共利益等不诚信行为甚至违法行为的惩处力度，使诚信经营成为企业发展的重要条件，为经济社会平稳较快发展提供良好的道德支撑。

企业诚信说到底是企业主体——人的诚信。要通过制度、教育和监督等措施，引导企业员工诚实守信、依法经营。

　　兴宇科技实业有限公司总经理王兴宇在经营活动中始终把诚信作为首要准则。他积极配合工商、食品卫生监督、动物检疫、质量技术监督部门，对制假售劣、短斤少两、以次充好等行为进行严格整治。建立了市场巡查制、市场预警制和重要商品准入制，实现了对集市交易的全程监管。设置商品质量抽检和违规违纪情况公示栏，设置专人负责复称的公平秤，要求商品明码标价等。这一系列制度措施的实施，为公司营造了诚信有序的市场交易秩序和交易环境。

　　王兴宇非常重视员工诚信品质的培养。他组织员工参加"企业文化、团队精神、行为准则、职业道德"的专题培训，认真学习领会相关法律法规，使公司员工普遍树立了依法经营、诚信经商的理念。

　　企业诚实守信的责任在企业主要管理者。企业主要管理者始终恪守商业道德，坚持诚信经营、诚信立业、诚信待人，就能逐渐形成"以人为本、诚信双赢"为内核的企业文化，为企业打造享誉全球的品牌创造文化条件，推动企业不断发展壮大。

第三章 突出一个核心：以人为本

人是企业发展的宝贵资源，企业要营造尊重人、塑造人的文化氛围，激发员工的积极性和创造性，促进企业可持续发展。

人是生产力发展中最活跃的因素

　　人类社会生产力的发展是先进生产力不断取代和淘汰落后生产力的过程。在这一过程中，作为生产力最活跃的要素，人特别是高端人才发挥了决定性作用。人才是企业的立足之本，企业员工是企业的主体，因此，任何一位企业管理者，都应该把提高员工素质，充分调动员工的积极性，充分挖掘、展示员工的智慧作为首要任务，以培育企业可持续发展的动力。

　　18世纪，工业革命为什么会发生？英国为什么能成为世界上第一个工业化国家乃至引领世界发展一百多年？主要是因为出现了三个人才：牛顿、瓦特和博尔顿。牛顿用数学方法证明了万有引力定律和三大运动定律，这四大定律被认为是"人类智慧史上最伟大的一个成就"。他告诉世人：自然界存在着规律，而且规律是能够被认识的。这为后来诸多科学领域的研究铺平了道路。瓦特对旧式蒸汽机进行脱胎换骨的改造的想法也来源于此。1773年，在瓦特试制新式蒸汽机的时候，公司合伙人破产了，穷困潦倒的他，欲离开故乡英国到俄国去发展。这时，一个名叫博尔顿的工厂主挽留住了他，他在写给瓦特的信中说："我将为发动机的竣工创造一切必要的条件，我们将向全世界提供各种规格的发动机。您需要一位'助产士'来减轻负担，并且把您的产儿介绍给全世界。"这相当于博尔顿为瓦特的发明提供了"孵化器"。最后瓦特留在了英国，并开始了与博尔顿长达二十五年的成功合作。正是这个合作，使蒸汽机真正实现生产，为工业部门普遍应用。英国也成为第一次工业革命的领跑者。

19世纪70年代末，美国人爱迪生发明了电，电力取代蒸汽动力，成为经济发展的新能源，给美国的经济发展带来了强劲的动力。由电力使用引发的一系列技术革命，正是第二次工业革命。据1922年美国国会统计，爱迪生使美国政府在五十年内的税收增加了十五亿美元。而1928年的一项调查显示，全世界用在与爱迪生发明有关的事业上的资本达到一百五十多亿美元。而爱迪生本人只是当时美国众多发明家中的一员，仅1865年至1900年，美国被正式批准登记的发明专利就达到了六十多万种。依靠爱迪生等一批人才，依靠强大的科技实力，美国很快在第二次工业革命中独占鳌头，从一个照搬欧洲技术的国家变成自主创新能力强、经济领先的国家。

从两次工业革命可以看出，人才在生产力发展中具有决定作用。没有瓦特、爱迪生，就没有两次工业革命。人才的作用和价值最终体现在发展先进生产力上。

人是企业发展的宝贵资源

企业必须加强企业文化建设，把人的发展作为企业发展的组成部分，通过在企业内部营造尊重人、塑造人的文化氛围，增强员工的归属感，激发员工的积极性和创造性；通过营造良好的学习氛围，搭建人才成长的平台，使全体员工增强主人翁意识，与企业同呼吸、共成长；通过对员工进行目标教育，使他们把个人目标同企业发展目标紧密结合在一起，自觉参与到企业的各项工作中。企业要以全体员工为对象，通过宣传、教育、培训和文化娱乐、交心联谊等方式，建设企业文化。

企业只有形成尊重人、理解人、关爱人的氛围，员工队伍才能成为充满凝聚力、创造力、竞争力的工作团队。企业应关心员工的职业生涯规划，为其发展提供公平、公正的环境。同时，努力为员工创造良好的生活环境，引导员工爱岗敬业、爱企如家，促进员工之间相互关爱、团结互助。企业关爱员工，员工关爱企业，员工关爱员工，是企业文化建设的最高境界。

人是企业创造力的源泉

企业要以人为本，提高员工素质，挖掘员工潜能，发挥员工的创造力。企业要坚持把人放在企业的中心地位，在管理中要确立员工的主人翁地位，使之积极参与企业管理。卓越的企业总是把员工的价值放在企业发展的首位，以提高员工素质为着眼点，营造一种尊重员工、理解员工、关爱员工的氛围，创造一种高度和谐、友善、融洽的气氛，最大限度地发掘员工的聪明才智和潜能，不断激发员工的创造力，促进企业可持续发展。

冀中能源是河北省具有重要影响力的国有企业。之前，冀中能源员工积极性不高，生产效率低下。重组之后，冀中能源注重员工精神面貌的转变，增强员工对企业管理的积极性、主动性，企业发展生机勃勃。经过全体员工的不懈奋斗，企业资源版图扩展到山西、内蒙古和新疆等地，2011年，成立仅三年的冀中能源进入世界五百强。

人是企业发展的推动者。企业是包括人、财、物在内的资本集合，在一切企业要素中，人是决定性因素。再好的政策、设备和环境，都需要人来掌握、运用和落实。唯有充分调动人的积极性，挖掘人的潜力，才能使企业的生产经营充满活力，才能提高企业效益。

关爱员工是企业文化的核心

文化应以人为载体，人是文化生成与承载的第一要素。企业文化中的人不仅指企业家、管理者，也包括企业的全体员工。企业文化建设要强调以人为核心，形成企业团体意识。企业团体意识的形成，首先是企业的全体成员有共同的价值观念，有一致的奋斗目标，才能形成向心力，才能成为一个具有战斗力的整体。

"凭什么罚我一百八十元？源头错了，中间环节必须是对的吗？"傅女士怎么也没有想到，她因为在公司网络交流平台上发了一句牢骚话，公司便以损害企业文化、造成负面影响为由将其解雇。7月11日，江苏省南通市中级人民法院对这起劳动合同纠纷案作出终审判决，被告南通某风机公司因违法解除劳动合同支付原告傅女士双倍经济赔偿金。

在互联网飞速发展的时代，这起新型劳动合同纠纷案具有一定的典型意义。该案中被告将原告的行为上升到严重损害企业文化，并选择解雇员工这种最严重的过错惩罚方式，完全违背了"关爱员工"的企业文化。公司应当给予每个员工表达自己看法的权利，并反思决策和管理是否出了问题。

企业的"企"字，"人"在上，方为"企"；反之，无"人"则"止"。企业要想做大做强，就必须有一种积极向上的企业文化，良好的企业文化是企业员工共同的价值观念和行为规范，是企业的灵魂。企业文化建设是一项系统工程，概括地讲，企业文化建设就是以塑造共同价值观为核心，以全面提高员工整体素质为基准，以树立企业良好形象为重点，充分调动员工的积极性和创造性，来共同实现企业蓬勃发展的战略目标。企业文化是基于人的文化，是通过企业与员工愿景、理念的共同达成，实现企业与员工在价值取向上的融合与趋同。

企业要全心全意依靠员工，研究其心理，满足其需求，改善其环境，激发其潜能。从心理学的角度来看，具有积极情绪的人，能够更自然地开展工作，更大程度地释放自己的潜能，提高工作效率，这对取得成功是相当重要的。相反，消极的情绪会降低工作效率。

尊重员工就是提升企业的经济效益

企业文化建设，以科学发展观为指导，核心就是更加自觉地贯彻落实"以人为本"，把员工当作企业的动力和源泉，以此激发企业每一个员工的积极性和创造性，提高企业的凝聚力和向心力，实现企业组织目标和个人目标的完美结合。

企业文化建设，就是实现尊重人、服务人、培养人的目标，实现肯定人的需求、价值、地位和尊严的目的。企业员工不仅仅是被管理者，还是企业的主体。企业员工在共有的价值观之下，自觉地奉献，工作、劳动已成为一项自由自觉的活动。企业文化的建设应该为每个员工自我实现及全面发展创造良好的条件。

目前，我国有些企业的企业文化建设只注重企业经济效益的提高，即他们建设企业文化是为了把企业文化和企业的生产经营活动紧密联系起来，这也无可非议，毕竟企业的建设就是为了获得经济效益。但是这样做的结果往往导致只关注企业的经济效益，忽视人的发展，从而忽视对企业员工的尊重。比如，在企业文化建设的过程中忽视员工对企业决策的参与。有的企业甚至认为企业文化就是企业家文化，他们觉得企业家才是企业文化建设的主导者，员工只需要被动地接受和服从。因而，在企业文化的建设过程中，他们主要采取自上而下的决策方式，缺乏自下而上的员工的反馈过程，员工根本没有或者只是形式上参与企业文化建设，忽视了员工的利益需求。

企业文化建设，突出表现为尊重人，注重员工之间的平等。尊重人，是人与人之间相处的最起码的准则。无论是什么社会形态，企业都存在着员工分工和职位上的差别。尊重人，注重人与人之间的平等，并不是说要彻底取消这些差别，那样将导致平均主义的极端。尊重人本质上是要求企业在精神上和人格上尊重员工。只有员工认为他们的人格在企业中得到充分尊重，他们才会把自己当作企业的一员，把企业看作自己的第二个家，做到"爱厂如爱家"，才能把企业看作是实现自己人生抱负的场所，才有可能充分发挥自己的创造力。

坚持用户价值高于生产价值

优秀的企业总是把顾客满意原则作为企业价值观不可或缺的内容，坚持社会价值高于利润价值，用户价值高于生产价值。通过完善管理，在不断改进和提升企业产品质量与服务质量的过程中，一点一滴地凝聚、升华企业精神，展现企业的特色文化，促进企业文化健康发展。

很多企业都强调"以人为本"的经营理念，标准的说法是："客户满意是我们追求的目标，但是首先要有满意的员工；满意的员工才能服务好客户，才能有满意的客户；满意的客户会给企业带来长久而丰厚的收益，企业的发展才是长久的。"但企业在宣讲企业文化时，往往不能讲解透彻，很多员工对"以人为本"这一理念的认识产生偏差，而这些企业也很难做到以人为本。

一次内部培训在深圳郊区的一个酒店里举行。两天以后，培训结束，返回深圳的时候，一个学员找到培训助理说："我刚刚发现我的边防证过期了，您能不能帮帮忙，下午我就要回湖南了，六点的火车。"

培训助理说："这个我帮不了，我在培训通知上已经说了，要带齐自己的证件，尤其是身份证和边防证，现在出了状况来找我，我也没有办法。"

学员说："哦，是这样。您看，能不能让公司送一张边防证过来呢？以前客户大会时就送过很多次。"

培训助理说："来接我们的车已经出发了，我不可能让公司另外出车为你送边防证。这超出了我的权限，即便车队肯送，送到这里最少也要四十分钟，你是要这三十个人等你四十分钟？"

学员："我可以自己走，跟另外一辆车走，我到总部还有事情要办。"

培训助理说："我还是没有办法，你自己想办法吧。"

于是，这个学员走开了，我听到他在嘟囔："企业文化讲要以人为本，我的边防证出了问题，没人管。真是说一套，做一套，哪里有什么企业文化！"

那么应该怎样来看以人为本的理念呢？

企业以人为本的理念应该是人不再是成本，也不再是资本，而是根本。

第四章 抓住一个根本：质量效益

■ 质量成就信誉。讲质量就是讲诚信，讲诚信必定会带来信誉和市场。

质量就是信誉

质量成就信誉。讲质量就是讲诚信，讲诚信必定会带来信誉和市场。这既是市场经济的本质——契约经济所决定的，也是人类从事商品经济活动以来，被无数事实反复证明了的。当前，我国正向新型工业化的道路迈进，质量和信誉都很关键。因为企业的产品质量，事关人民群众的安全、健康等根本利益。从对国家和民族负责的角度，每个企业都应承担起质量的主体责任。

太阳神集团视质量为第一生命，确立了"质量求生存，至精至诚"的质量方针。集团推行全面质量管理，严格保证产品的高质量和高安全性，产品经得起国家权威机构的各种科学检测和亿万消费者的长期检验。早在1997年8月，太阳神集团就通过了ISO9001国际质量管理体系认证。为了进一步保证产品质量和食品安全，集团引进先进的管理方法，于2008年1月通过ISO22000食品安全管理体系认证。所有这些都标志着太阳神集团质量管理跃上新的台阶。

质量问题不仅影响企业形象、品牌形象，而且必然影响国家形象。因此，企业重视信誉必须首先重视质量。质量承载信誉，质量成就信誉。

企业怎样建设质量信誉呢？一要树立"质量是信誉"的思维方式，在质量与速度、质量与成本、质量与市场、质量与用户、质量与效益等发生矛盾甚至冲突时，时刻把质量当作第一要义，这是质量信誉建设的根本。二要以先进的、科学的、适合企业自身特征的质量方法，提升质量管理水平和产品质量。要充分运用国际上先进的、科学的质量方法，大力开展先进质量方法推广应用工作，夯实企业质量管理基础。三要常抓不懈。加强产品质量各项工作，要突出"三个重在"：重在抓落实，从源头上抓质量，从基础工作上抓质量，让质量第一的理念在企业生根；重在持之以恒，以"较真""认死理"的态度坚持各项质量管理制度不动摇，在企业形成崇尚质量的文化氛围，使企业在抓质量方面的好作法、好习惯、好制度、好机制能够全面落实并长期坚持；重在严格管理，实行"质量最优先""质量一票否决"等。

总之，企业必须作出质量信誉的庄严承诺，并依靠不断提升的产品质量和服务来保证。同时，要在全社会营造良好的质量信誉意识，形成有效的监督机制、惩罚机制。对那些不重视质量信誉、只追求眼前利益的企业和经营者，应当让其付出巨大的代价，使其不敢为、不敢再为。

质量就是生命

质量已经成为企业生存与发展的战略要素，确立质量信念，建设质量文化，以文化引领管理，以信念激励行为，既是当今企业管理的时尚，更是现代质量管理所追求的理想境界。

第二次世界大战中期，美国空军和降落伞制造商之间曾经发生过这样的真实故事。当时，降落伞的安全度不够理想，经过厂商的努力改善，降落伞的良品率已经达到了 99.9%，尽管这个良品率即使现在许多企业也很难达到，但是美国空军却对此公司说 No。他们要求所交降落伞的良品率必须达到100%。于是降落伞制造商的总经理专程去飞行大队商讨此事。因为厂商认为，能够达到这个程度已接近完美了，没有必要再改。当然美国空军一口回绝，因为品质没有折扣。后来，军方要求改变检查方法。那就是从厂商前一周交货的降落伞中，随机挑出一个，让厂商负责人装备上身后，亲自从飞行的飞机上跳下去。这个方法实施后，不良率立刻变成零。

现实中，每一个有思想的人都会认识到产品质量对企业的重要性，但是，把产品质量作为企业的长期战略目标来抓的人却并不是很多。很多企业家受暂时的、短期的利益驱使，以次充好，不能保证产品长期使用的稳定性和可靠性，经受不住时间的考验，这样的企业一般兴盛几年后，便会逐渐走向衰败，甚至灭亡。

没有质量保证，建筑物便是生命的隐形杀手。根据地震专家对历次地震的分析，人员伤亡总数的95%以上是由房屋倒塌和次生灾害造成的，仅有不足5%的人员伤亡是直接由地震本身造成的。汶川大地震让人们深刻感受到生命在巨大自然灾害面前的脆弱，感受到失去生命的悲痛。如此多的房屋倒塌，诚然是地震的破坏力巨大，但是如果我们的房屋质量更好一些，我们将会多些抵御地震破坏的能力，少些失去生命的痛苦。

我国一些企业一直坚持"质量就是生命，责任重于泰山"的质量观，通过现代化产业链和质量管理体系打造品质如一的好产品，不仅树立了品质为先的企业形象，更在不断追求高品质的道路上，成就了企业的最大价值。

汇源作为中国果汁行业的龙头企业，就是坚持"质量就是生命"的企业代表，它把这种质量观贯穿于源头、生产、检测和仓储等环节中。

在源头上，汇源根据各地水果种植的条件，先后在山东、山西、河北、安徽等地建立了多个大型水果基地。在生产上，汇源在全国六十多家生产工厂推进质量零缺陷的管理目标，在整个生产流程中严格按照GMP和HACCP要求控制，保证生产、储存、出库、流程过程的卫生安全。在检测上，汇源健全、实施了 ISO9001、HACCP、ISO22000、OHSAS18000、ISO14001等质量、安全、环境管理体系，并实施体系认证。在仓储上，汇源质监部门对储存在各厂仓库的产品进行定期品质稽查，对产品的码垛高度、储存条件、运输环节等都有严格的规定和检测措施。不仅如此，汇源还有一支常年活跃在市场上的督查队伍，不断听取市场反馈信息，改进工作，保证质量安全。

企业应该严格标准，层层把关，确保产品质量的安全。如果企业坚持"质量就是生命，责任重于泰山"的质量观，就会在市场竞争中获胜。

质量就是竞争力

世界先进国家的质量管理的众多范例证明，质量就是竞争力。

作为企业，没有质量便没有一切。任何企业都要有质量意识，质量意识能反映一个人的素质，是企业的一种潜能，同时也是民族自尊心和社会责任感的结晶。

从质量管理的发展、质量理念的演变来看，注重顾客需求、追求顾客满意和忠诚，提供富有魅力的卓越产品，成为质量管理的发展趋势，也是企业赢得顾客和市场，进而赢得企业核心竞争力的必然要求。

20世纪80年代初，海尔还是一个濒临倒闭的小集体企业，在总裁张瑞敏的决策下，海尔引进了国外的先进技术。然而，第一批走下生产线的几百台电冰箱都有一个小小的缺陷，这令他极为愤怒，他立即下令把这些电冰箱砸掉，并且带头砸了第一台，这一砸惊醒了这些工人的质量意识。严格的管理使得海尔凭借高质量的产品，持续高速地发展，到1998年年底，海尔的影响力在亚太地区排名第七。

质量是当代企业追求和竞争的焦点。现代社会，市场竞争实质上就是质量竞争。

高质量产品赢得顾客忠诚

顾客忠诚对企业生存和发展的经济学意义是非常明显的，获得新顾客需要付出成本，特别是在供过于求的市场竞争下，这种成本将会越来越高。相比之下，赢得忠诚顾客对企业来说却是低成本。

专家在对服务行业的分析中发现：当顾客忠诚度上升5%时，利润上升的幅度将达到25%~85%，而企业为老顾客提供服务的成本是逐年下降的。更为重要的是，忠诚的顾客会努力向其他人推荐企业的服务，并愿意为所接受的服务支付较高的价格。可以说，忠诚顾客是企业竞争力的重要因素，是企业获得长期利润最重要的源泉。

质量保障企业的稳定增长和收益。在买方市场逐步形成、竞争日益激烈的环境下，以质量赢得顾客忠诚尤为重要。我们知道，开发一个新顾客的成本一般比维系一个老顾客的成本要高出5~10倍，而维系一个老顾客给企业带来的价值却比开发一个新顾客的价值大得多。小天鹅集团老总朱德坤总结过一个流传很广的环比公式，即1：25：8：1，它的意思是：全心全意地对待用户，服务好一个老顾客，可以影响二十五个潜在顾客，会诱导其中的八个顾客产生消费欲望；如果一个顾客对你的产品或服务不说好，那位顾客就有可能在别人面前说你产品或服务的坏话，将非常有可能打消二十五个潜在顾客的消费欲望。由此可见，让消费者感到满意，使他们成为企业的忠诚顾客是非常必要的。

质量赢得顾客忠诚，一个行之有效的方法就是以消费者的需求和期望为中心，想方设法不断向消费者提供高于其期望值的高质量产品或服务，并让他们对消费的经历感到满意，这样消费者才会产生真正的忠诚，甚至成为免费的宣传者。

质量是品牌的本质、基础，也是品牌的生命。世界上的知名品牌无不体现着高质量。

三星集团总裁李健熙在美国洛杉矶调查了许多电器商店，发现三星电器价格比日本电器便宜，却不能吸引消费者。他立即要求三星的高级职员把市场上最畅销的电视和录像机样品同三星的产品作比较，然后到商店询问三星产品不受欢迎的原因，答案是三星产品设计粗糙、故障率高、售后服务差等。李健熙针对这种情况开展调查，在企业内部寻找原因。他发现，过去三星评估下属企业和职工的表现时，65%看产量，而质量最多占35%。对此他提出质量与产量的重要性之比是1:1，甚至更高，三星人必须从观念上根本改变，以使产品成为真正的世界名牌。

产品质量与产品竞争力呈正比。消费者购买商品，是选择该商品的使用价值，因而，他们首先考虑的便是商品的质量，包括外观质量。

在激烈的白色家电市场竞争中，美的"品质为本"的理念淋漓尽致地体现在各类家电产品上。在消费者对"最新技术""刚刚研发成功"等各类被热炒的概念已经产生疲惫心理时，美的产品的品质牢牢地捕获了消费者的心。

2009年之前，出现在市场上十多年的变频空调之所以一直没有大发展，原因在于不成熟、未充分验证的变频控制技术导致产品质量不稳定使得消费者望而却步。技术炒作只能造成消费者尝试性购买，而品质才是造就忠诚用户的唯一途径。美的以变频压缩机为龙头，带动关键配套件发展，通过引进、消化、吸收和技术革新构建了完整的变频产业链，以过硬的变频空调产品质量一举打破了"中国市场很难普及变频空调"的行业魔咒。美的在变频空调市场上所向披靡的同时，也带动了整个变频空调市场的繁荣，使得中国消费者消除顾虑，真正接受了变频空调。

产品品质是赢得顾客忠诚的根本，是反映科技水平、质量水平、管理水平和文化底蕴等综合竞争能力的重要标志。从战略高度构建更具活力的产品品质发展机制，打造一批特色品牌，是赢得忠诚顾客的制胜之宝。

质量文化铸就产品质量

国内外企业发展的实践一再证明，产品质量是质量文化的产物，是社会的一种文明标志。

质量文化，主要包含企业正确、合理的竞争观、价值观和效益观。现代企业间的竞争已超越价格、销售等因素，越来越集中在产品深厚的文化底蕴和雄厚的科技实力上。可以说，现代企业的竞争，是文化的竞争，既包括科学技术文化，也包括审美文化。这就要求大力提高企业生产经营者的科技文化素质，但企业毕竟不能独立于整个社会文化系统之外，整个社会科技文化发达或者文明程度高，必须会带动企业生产经营者文化素质的提高，间接促进产品质量的提高和竞争力的增强。

"质量就是生命，生命只有一次"已成为每一个一汽锡柴员工内化于心、身体力行的座右铭。一汽锡柴将质量放到"企业生命"的高度，将质量工作当作"生命工程"。企业通过"宣传到位，质量意识深入人心""注重实效，开展QC成果发布""深度介入，深化现场质量控制""质量第一，深化重点产品改进""咬定目标，抓好上线故障攻关""全力以赴，严控外部质量损失"等一系列专项活动的开展，大大提高了员工的质量意识，进一步促进了质量文化的整体成型。经过十余年的细化和完善，一汽锡柴铸就了独树一帜的质量文化。

质量文化分为优质和劣质两种。我们一般可以说，优质的质量文化总是显得开放、进取、流动、透明、兼容、科学、民主……相反，劣质的质量文化则总是显得封闭、保守、僵化、神秘、排异、迷信、独裁……这就使得对劣质文化的再造、重塑显得既迫切又具有实践意义。因此，提高质量文化，大到一个国家、民族，小到一个区域、企业，都亟须引起高度重视。质量文化——价值和制度的系统及其更具体化的要素——构成了人力资本的一个重要组成部分：即它对如何有效地转化劳动、资本等物质资源，以服务于人类的需求和欲望，具有重要的影响。因此，我们称其为文化资本或社会资本。也就是说，质量文化本身就是一种资本，是一种核心竞争力。

因此，高质量文化在推动企业产品质量、提高经济效益方面具有重要的意义。

质量管理规定企业产品质量

质量管理，通常包括制定质量方针和质量目标以及质量策划、质量控制、质量保证和质量改进。20世纪前，产品质量主要依靠操作者本人的技艺水平和经验来保证，属于"操作者的质量管理"。20世纪初，科学管理理论的产生，促使产品的质量检验从加工制造中分离出来，质量管理的职能由操作者转移给工长，是"工长的质量管理"。随着企业生产规模的扩大和产品复杂程度的提高，产品有了技术标准（技术条件），质量管理制度也日趋完善，各种检验工具和检验技术也随之发展起来，大多数企业开始设置检验部门，有的直属于厂长领导，这时是"检验员的质量管理"。

企业从设计到供应商管理，再到制造过程控制以及服务过程控制的全过程建立质量保证系统，使企业的质量活动处于严密的控制体系之下，这便是跨国企业的取胜之道。

质量管理不仅要求考虑经济性和时间性在内的"全面质量"意义，还应包括售前、售后服务的"全过程控制"，并应做到"上至领导、下至清洁工"在内的全员参加。"要建设真正的质量强国，恐怕还是要从娃娃抓起，在小学里就开设质量课程。有了这样一种常识，自然就能形成消费者对企业的监督。"

在日本，所有的铅笔都有"日本标准"的符号，小学教师会告诉每个学生，买铅笔一定要买有符号的，这使得所有工厂都要学习、使用国家标准。

对于质量，我们高度重视，也投入了很多资源，给予了大力支持，但状况并没有得到根本性的好转，究其原因，这些企业产品的质量问题出在企业质量管理上。这些问题，并不是个别企业会发生，对于转型中的中国企业来说，抓好质量管理是高层管理者的重要工作。

质量是企业素质的集中体现

产品质量水平的高低，反映了一个企业的素质。提高企业素质，是提升产品质量和企业发展的根本之道，也是提高经济效益和市场竞争力的根本之策。企业的发展，归根到底取决于消费者对产品质量的依赖和好评，没有一流的质量，就没有消费者的忠诚，就不可能赢得消费者的"货币选票"，也就不可能获取效益。没有效益，企业凭什么扩大再生产？靠什么提高质量？企业要真正地健康成长、发展壮大，从根源上说离不开产品质量，从根本上说离不开企业素质。

企业素质是决定企业生产经营活动所必须具备的基本要素的有机结合所产生的整体功能。企业素质主要包括企业领导素质、企业员工素质、企业管理素质、企业技术装备素质。所谓企业领导素质是指企业主要领导的综合治理能力、领导才能、协调沟通能力以及个人品德修养和责任感等。所谓企业员工素质是指企业员工的政治思想素质、业务技能素质以及文化知识素质。所谓企业管理素质是指企业的经营管理思想、管理的基础工作、管理的方法手段以及管理系统的科学性。所谓企业技术装备素质是指企业技术装备的自动化水平和现代化程度。企业素质主要通过企业产品的竞争力、企业管理者的能力、企业生产经营能力和企业的基础能力得以表现。

宝洁公司的前任董事长曾说过一句很经典的话："如果你把我们的资金、厂房及品牌留下，把我们的人带走，我们的公司会垮掉；相反，如果你拿走我们的资金、厂房及品牌，而留下我们的人，十年内我们将重建一切。"

宝洁公司历来重视在中国招聘优秀人才。早在1989年，公司就开始从中国的各所优秀高等院校招聘具有强烈进取心、创造性，具备领导才能、出色分析能力、良好语言交流能力以及优秀合作精神的毕业生。员工进入公司后，公司同样重视员工的发展和培训。通过公司提供的正规培训以及工作中经理一对一的指导，员工得以迅速成长。宝洁公司深信，公司的利益与员工的利益休戚相关。最优秀的人才加上最好的培训发展空间以及开明的工作环境，将永远是宝洁公司成功的基础。

企业产品质量的提高和品牌的创造，都是由企业员工来完成的。企业如何发展，能否打造成品牌与企业员工的素质息息相关。

第五章 追求一个目标：创新品牌

创新是品牌生命力的源泉。

创新是品牌生命力的源泉

对企业而言，创新是竞争的前提，而竞争的目的是为了最大限度地争取消费者。消费者选择商品时主要选择产品本身的属性，即产品的功能和质量，而且越成熟的市场越明显。因此我们把管理学中的木桶理论延伸使用——创新和质量是桶底，其他因素是桶帮，没有桶底，桶帮再高，水平也是零。经济学家彼特首先提出了企业创新理论。他认为企业和企业家的创新活动推动了整个人类社会的进步和发展。任何一个企业一旦离开了创新活动，便没有了存在的基础。

三星以创新引领技术革命。这种创新型的管理，已经成为三星企业文化的灵魂。三星在新产品研究和开发中力求先人一步，这使得三星的高科技产品层出不穷。

2009年，三星推出全球首款超薄LED背光源电视，引领了电视行业的质变性革命；2010年，三星推出了世界上第一款全高清3D LED电视，并在当年售出了200多万台，获得了全球60%的市场份额，引领了全球3D电视的发展和普及。2011年初，三星在全球消费电子展（CES）上推出三星Smart TV，使得智能电视超越平板电脑成为最受关注的智能明星。2012年，三星又推出了Smart TV ES8000系列平板电视，它的开启、换台、音量调节、上网乃至全智能搜索功能都可以通过语音、手势进行控制。强大的智能优势，彻底颠覆了传统电视的操控理念，成功开创了电视行业的新纪元，并一举摘得CES创新设计与工程大奖。

三星的品牌创新实践表明：创新是企业的生命力和源泉，也是企业推动自身发展的内在动力。企业只有创新，才有生存能力和适应能力，才能在飞速发展的时代立足于社会。

概念创新是品牌创新之魂

现代社会，新词语涌现的速度之快，令人目不暇接，如"正能量""微博""凡客体""狼族"等，这些新词语的背后，是人们对某种客观事物归纳出的概念，语言和概念相辅相成，形成了当今的"概念冲击波"。特别是在商界，利用概念创新指导企业行为的事例越来越多。

企业钟情于概念创新。不少企业对产品概念进行创新，如"小神童"（海尔迷你洗衣机）、"小王子"（海尔小冰箱）、"红太阳一族"（四川长虹彩电）、"小霸王"（广东VCD）、"夜视宝"（宁波居室发光开关）等。类似概念小家电，往往给人愉悦感和温馨感，深受消费者欢迎。

美国俄亥俄州一名女子开办了一家道歉公司，使"道歉"这一概念用于商业目的。这位公司创办人发现，代人用电话道歉是一种非常有意思的业务，对那些认识到自己有错但又碍于面子不愿当面低头认错的人来说，无疑是最理想的选择。这名女子自己设计了一套"道歉"程序：当接到客户的电话时，首先要了解矛盾产生的原委以及道歉的原因，再征询客户的意见，赔罪要到什么程度。然后，她会严谨构思，斟酌字句，力求做到有理、有利、有节，在道歉电话中她甜美的声音加上真诚的道歉语言，很快会让对方怒气全消，矛盾双方皆大欢喜。自公司开业以来，电话铃声不断，生意兴旺。

概念创新是信息经济时代企业竞争的新课题。概念创新，不仅能为企业创造市场、赢得客户，还能为企业获得意想不到的经济效益和社会效益。概念创新，不仅给消费者创造新的消费享受，给市场带来新的繁荣，而且给传统产品创造了新的卖点，带来了新的商机。概念创新源于智慧，可为企业带来无穷的商业机会和财富。

发明新产品是品牌创新之基

当今时代，唯一不变的事情就是变化，创新已经成为时代发展的主旋律。对企业而言，开发新产品具有十分重要的战略意义，它是企业品牌生存与发展的重要支柱。

迪士尼的一个著名的口号是"永远建不完的迪士尼"，它多年坚持"三三制"，即每年都要淘汰1/3的硬件设备，新建1/3的新概念项目，每年补充更新娱乐内容和设施，不断给游客新鲜感。"满足顾客需要"是迪士尼创新产品的原动力。为了准确把握游客的需求，公司内部专门设置了调查统计部、信访部、信息中心，它们每年都要开展数百项市场调查和咨询项目，并把研究成果提供给公司其他职能部门。公司根据对相关信息的分析来把握游客需求的动态变化，从而有针对性地创新产品、更新设施设备，吸引回头客。迪士尼乐园成功的产品创新策略说明了这样一个事实：企业只有根据目标市场的需求变化不断创新产品与服务，才能尽可能地延长其生命周期。

吉列剃须刀的发展历史是品牌以发明新产品获得市场领导地位的最佳证明。1930年，美国吉列公司瞄准大众市场，推出了有可丢弃刀身的廉价安全剃须刀，从此改写了剃须刀的历史。此后，吉列领导剃须刀市场长达半个世纪之久。1962年，吉列剃须刀的领导地位达到顶峰，市场占有率为72%。但是，吉列也遭到了严重挑战。1962年，英国的威金生公司推出了不锈钢剃须刀，寿命是吉列的三倍，直接威胁到吉列的市场霸主地位。为了保持品牌的市场地位，吉列决心不惜牺牲既有产品来创新。1972年，吉列推出了双刃剃须刀，淘汰了自己的旧产品。1977年，当双刃剃须刀仍受男士青睐时，吉列就推出了旋转刀头的剃须刀。1989年，吉列又推出了感应式剃须刀。这些创新之举，捍卫了吉列的行业领导地位。

产品生命周期理论告诉我们，任何产品不管在投入市场时如何畅销，总有一天会退出市场，被更好的新产品所取代。企业如果能不断开发新产品，就可以在原有产品退出市场时利用新产品占领市场。一个成功的企业和智慧的经营者，应该抢夺先机，开发新产品。同样的道理，消费者市场需求具有无限的扩展性，也就是说，人们的需求是无止境的，永远不会停留在一个水平上。随着社会经济的发展和消费者收入的提高，消费者对商品和劳务的需求也将不断地向前发展。适应市场需求的变化需要企业不断开发新产品，开拓新市场。

科学技术是品牌创新之本

科学技术已经成为经济增长的重要因素，科学技术的发展与应用使企业效益的增长模式发生了根本变革。

茅台集团在不断超越现有产品、现有服务、现有市场中，推陈出新，在激烈的市场竞争中力压群芳。茅台历来重视科技进步，拥有国家级的白酒科研所、技术中心以及科研队伍。茅台始终坚持以质求存，继承创新传统工艺，不断用先进实用技术改造传统工艺，用信息化促进工业化，走新型工业化道路，使茅台酒工艺的科技含量逐年提高，勾兑的技术性和艺术性更趋完美，无论是产品本身，还是包装、防伪等，都广泛采用新材料、新设备、新技术，让消费者感受到凝聚在产品上的科技魅力。

科学技术的发展推动着企业不断开发新产品。科学技术是第一生产力，科学技术一旦与生产密切结合，就会对国民经济各部门产生重大的影响，伴随而来的是新兴产业的出现、传统产业的被改造和落后产业的被淘汰，从而使企业面临新的机会和挑战。科学技术的迅速发展，使新产品开发周期大大缩短、产品更新换代加速，从而推动企业不断开发更多满足市场需要的新产品。

核心价值是品牌创新的决定因素

　　企业核心价值观是营造品牌的精神指导和价值标准。企业核心价值观确定了品牌的发展方向。企业的制度文化、物质文化和行为文化建设都是以企业核心价值观为指导的。

　　宝马把品牌延伸到了服饰行业，目标群体是时尚、崇尚健康、喜爱运动的成功人士。宝马之所以能延伸到服饰，是因为宝马不仅象征着非凡的制车技术与工艺，还意味着"潇洒、优雅、时尚、悠闲"的生活方式，车和服饰都是诠释宝马核心价值观的载体。宝马的品牌延伸不仅能获得服饰的利润，还可以通过涉足服饰领域向更多的消费者推广宝马这个品牌。宝马注意到，人们空闲时很少到汽车展示厅，而去商业中心则成为都市人们的一种休闲方式，因此宝马希望通过服饰向人们直接展示宝马精良的品质和完美的细节，从而将人们培育成宝马汽车的潜在消费者。大学毕业生，要购买一部宝马汽车，可能力不从心，但他可以先购买一件宝马服饰，从中感受到宝马的生活方式，培养对宝马的信任和忠诚度。等到他事业有成，选择高档汽车时，就会先入为主，对宝马汽车情有独钟。

　　宝马的案例说明核心价值是否兼容于新老产品是品牌延伸能否成功的决定因素。品牌核心价值具有包容力而使类别较远的产品共用一个品牌成功的例子比比皆是。万宝路延伸到与香烟类别相距很远的牛仔服、鸭舌帽、腰带获得了很大的成功，因为这些服饰与香烟一样都张扬着

"勇敢、冒险、进取"的品牌精神。而万宝路没有延伸到西服，无疑是明智的，西服品牌需要的是"绅士风度"，与万宝路的核心价值是相背离的。

创新品牌的核心是特色

品牌是企业无形的资产，它不仅是商标标志，而且是信誉标志，是对消费者的一种承诺。从某种意义上说，品牌之所以成为品牌，一定具有极其鲜明的个性，这种独特的个性，牢牢地吸引着消费者，使人过目不忘、印象深刻。

一本名为《101位最具影响力的虚构人物》的书，评选出了101位最具影响力的虚构人物，排行第一的是万宝路香烟广告的男人，即出现于20世纪50年代、充满阳刚狂野味的美国牛仔。这个形象的诞生，使得万宝路香烟死而复生，并家喻户晓。如今万宝路已不仅仅是一个知名品牌，更是美国文化的一个组成部分。万宝路在品牌形象塑造上的成功"变性"，无疑是品牌营销史上的一个传奇。

品牌特色是当今企业品牌竞争的核心。只有让产品成为有特色的品牌，产品才能脱颖而出，消费者才会对其形成高认知度及忠诚度。万宝路为什么对烟民有如此大的吸引力？归根结底是因为万宝路的品牌DNA。美国金融权威杂志《福布斯》专栏作家布洛尼克1987年与助手对万宝路爱好者进行了品牌调查。调查结果表明：虽然许多被调查者确定地说他喜欢这个牌子只是由于它味道很浓，抽这样的烟才舒服，可是布洛尼克却怀疑真正使人着迷的不是万宝路与其他香烟味道上的差异，而是万宝路广告塑造的形象给香烟民带来的优越感。布洛尼克作了个试验，他向那些热爱万宝路味道的烟民以半价提供简装的万宝路香烟，厂方可以证明这些简装香烟确实是真货，并能保证质量同商店出售的万宝路香烟一样，结果愿意购买的人只有21%。布洛尼克解释这种现象说："烟民真正需要的是万宝路包装带给他们的满足感和品牌形象带给他们的认同感，简装的万宝路质量同正规包装的万宝路一样，但不能给烟民带来这种满足感。"这才是人们购买万宝路的真正动机。而万宝路的真正口味在很大程度上是依附于这种产品所创造的美国牛仔形象之上的一种附加因素。

在全球经济一体化的今天，品牌已成为提高企业核心竞争力的有力武器。因此，对国内企业来说，面对激烈的市场竞争，如何打造一个有特色的品牌，已成为企业提高自身竞争力的一个战略性课题，也是企业发展的关键。有特色的品牌才能长久地被消费者记住和认同，企业才能长盛不衰。

众所周知，美国是个移民国家，而我国是具有五千年历史的文明古国，为什么迪士尼能经营成功，而拥有深厚文化底蕴的中国的主题公园却接二连三地倒闭呢？这是由于迪士尼的不可模仿性。迪士尼是独一无二的，那里有所有消费者熟知和喜欢的米老鼠、布鲁托、古菲、唐老鸭等，这些得天独厚的条件吸引人们蜂拥而至。中国的主题公园大多数都缺乏独特的企业文化，太容易被模仿了，即使暂时盈利，一旦众多竞争对手涌入，后果可想而知。什么都可以模仿，只有企业文化是模仿不来的，拥有属于自己的文化才是企业的生存之道。

创新品牌特色的保障是文化

品牌战略与文化建设具有密切的关系，离开了文化底蕴的支撑，品牌战略就会缺乏根基。品牌，特别是著名品牌，带给人们的不仅是一种商品，还是一种生活方式、一种文化观念，品牌运营必须融入文化功能。品牌是一面旗帜，一些国际著名品牌不仅是一个企业的形象，甚至能代表一个国家的形象，体现一个民族的气质和价值观念。品牌运营还具有社会性功能，能给一个国家及其国民带来骄傲与自信，品牌运营甚至具有一定的政治意义。

红豆集团就是将品牌深植于中华民族传统优秀文化的典范，巧借脍炙人口的《红豆》诗中的"红豆"二字作为商标，从而引发人们"此物最相思"的联想，使该产品在华裔聚集地区和熟悉我国唐代文化的外国消费者中深受欢迎。由此可见，消费者所追求的很大程度上是文化消费而不仅仅是简单的商品消费。

"红豆"被确定为品牌后，周耀庭总经理继续挖掘它的内涵，升华它的象征意义："红豆"作为品牌，对外表达了企业对消费者的一片爱心；对内象征着全体员工的爱厂意识，要像爱家乡的红豆一样热爱自己的企业。"红豆"渐渐成为该企业的文化理念和企业精神，是企业形象的象征。

一个品牌要成为具有持续生命力的品牌，成为具有长久历史的品牌，离开了文化底蕴的支撑和丰富的文化内涵是根本不可能的。品牌作为一种特殊的无形资产，一旦拥有了丰富的文化内涵就能保持持久的、旺盛的生命力。

品牌管理是创新品牌的持续动力

企业家们越来越清楚品牌带来的价值效应，也意识到品牌管理的重要性。单纯靠广告宣传，虽然一夜之间可以让企业的知名度提高，甚至家喻户晓，但是，忽视品牌管理，也会使企业一夜之间臭名远扬。所谓品牌管理，就是建立、维护、巩固品牌的全过程，是一个有效监管控制品牌与消费者之间关系的全方位管理过程，最终形成品牌的竞争优势，使企业行为更忠于品牌核心价值与精神，从而实现品牌的经久不衰。

始建于1864年的全聚德岿然不动地屹立了一百五十年。在众多老字号面对现代商潮的冲击深陷迷茫时，全聚德借助传统文化，重视品牌塑造，以品牌为中心来管理企业，并确立了详细的品牌管理和发展战略，如积极注册商标、完善特许经营、注重品牌合作、强化内部管理等，实现了老字号的历久弥新。

全聚德商标连续多次被北京市工商局评为"北京市著名商标"。《北京特快》节目组曾经联合中国人民大学舆论研究所，就"哪些产品最能代表北京的品牌形象"的话题采用问卷调查方式进行随机抽样调查，结果全聚德烤鸭名列榜首，被一致认为是最能代表北京经济形象的标志性产品。1999年1月5日，全聚德商标被国家工商总局商标局认定为我国第一个餐饮行业服务商标中的驰名商标。按照《与贸易有关的知识产权协议》的规定，签约国应对其成员国认定的驰名商标予以特殊保护，因此全聚德将得到世界一百多个国家的共同承认与保护。

　　品牌的成功与做大做强，离不开品牌管理者对品牌在发展过程中所做的各种管理工作，包括设计品牌识别，及时注册商标，管理标志的印制、领用、销毁，监控品牌运营状况，有效处理品牌纠纷，确保品牌资产保值增值，最终实现企业品牌的永续经营。

第六章　奉行一种信念：责任细节

■ 责任是一种义务，是对使命的忠诚与坚守，是撑起事业大厦的基石。

责任成就事业

责任是一种义务，是对使命的忠诚与坚守，是撑起事业大厦的基石。责任不是说出来的，而是用行动体现出来的。

责任不仅是一个人具有认真做事和勇于承担的意识，同时要具备善于做事、能够承担责任的能力。责任是奉献企业的精神，有着我是公司中的一员，我必须对公司负责的思想意识；责任是把自己该做的做好，确实不能做的及时提出，以免贻误工作，避免给企业造成不良影响或损失；责任就是用热忱点燃工作激情，对自己的工作持一种肯定的情感和积极的态度，产生巨大的精神动力，创造性地完成自己的工作；责任就是把敬业当成一种习惯，在别人认为不可能时通过自己的努力取得有价值的结果。

浙江华立集团的董事局主席汪力成，在接受采访的时候曾经情绪激动地说："企业问题很多的时候，情绪烦乱，自杀的心都有。"主持人笑着问："你怎么没有自杀呢？"汪力成笑着说："我这人又不是自杀的人。特别是一想到家庭，想到公司那么多的员工，自己的动力就又来了。"

有些人认为，只要自己尽力了，结果如何那不是自己能左右的，自己能对得起拿的那份薪水就够了。事实上不是这样，由于责任意识的缺失和控制能力的有限，有些人造成的失误是他无法承担或弥补的。

中国网络电视台报道，2012年12月17日凌晨三点三十分左右，江西一家铝型材企业发生溶解车间冷却井爆炸，致使一人死亡、两人失踪、七人受伤。18日上午央视网记者从南昌市安监局得到证实，两名失踪人员已经确认死亡，而事故发生的原因初步认为是夜间值班人员在操作中存在失误，引发氢气爆炸。厂房值班人员在操作时没能把液态铝流出来的量或时间控制好，使得液态铝和水接触发生化学反应，产生大量的氢气扩散，最终导致氢气爆炸，周边的房屋玻璃全部被震碎。

责任是一种超越。在波诡云谲的市场经济大潮中，一个企业要永远立于不败之地，就要选择不断地超越自己；一个员工要不被风云变幻的职场所淘汰，也必须超越自己。成功的企业不断通过产品的创新实现超越。

苹果公司把创新作为企业的灵魂。公司每一次产品升级，都带给客户最佳的用户体验。苹果公司数十年如一日地自主创新、自主研发最终实现自我超越。

责任是品质的集中反映。有责任心的员工，让领导放心，让同事安心。有责任心的人无论做什么事，都会比那些责任心差的人更容易成功。如果说智慧和勤奋像金子一样珍贵的话，那么还有一种东西比这两者更为珍贵，那就是责任心。

有一位年轻人在某网络工程公司找了一份工作。上班不久，部门经理给他配置了一台电脑，接过电脑后他先安装了自己喜欢的一些游戏，然后发现电脑里还有一些以前的文件，心想既然这台电脑交给他使用，这些旧文件就应该没有用处了。于是，他就把电脑上的文件全部删除了。过了一个月，部门经理找到他，让他把电脑上的文件拷贝给技术人员。他回答："不是没有用了吗？我已经把它们全都删除了。"部门经理当时脸就白了，这是公司多名技术人员花了一个多月时间准备的一份项目设计报告，而且没有备份。结果，他被辞退了。

当然，部门经理在移交电脑的时候应该将文件备份或者进行检查，但是他难道不应该问问部门经理这些文件还有用吗？这是件简单的事情，他却没有做好，主要原因还是责任心不够。

责任是人的使命所在。任何一个单位、一个部门，没有有责任心的领导，没有有责任心的员工，就无法完成好工作，就不可能提供优质的服务，就难以生产出高质量的产品。接踵而来的只能是单位的声誉度下降，干部、员工精神不振，陷入事业发展无望的恶性循环。

责任心是人生最大的财富。一个有责任心的人无论在什么地方、从事什么职业，都能忠于职守，毫不吝惜地投入自己的全部精力和热情，总能赢得他人的尊重，事业的成功也将随之而来。一个对工作不负责任、无敬业奉献之心的人，往往是一个缺乏自信的人，也是一个无法体会人生快乐真谛的人，永远都得不到他人的尊重和领导的器重，最终可能一事无成。作为一名企业员工，要在自己的岗位上勤奋踏实地工作，要有一种庄严而神圣的责任感，只有这样才会获得事业上的成功，才能体会发自内心的成就感和满足感。

有责任心的人感觉工作是享受，没有责任心的人感觉工作是苦役。有责任心的人能从工作中得到比别人更多的经验，就算以后换了工作岗位，从事不同的行业，责任心和丰富的经验也会为你的成功带来帮助。因此，把责任变成习惯的人，从事任何行业都容易成功。

责任心就是将工作当成自己的事，具体表现为忠于职守、尽职尽责、认真负责、一丝不苟、善始善终等职业道德，它是成就个人事业的重要条件。在竞争愈演愈烈的现代职场，责任心更是成就大事不可或缺的重要条件。

细节决定成败

古英格兰有一首著名的民谣："少了一枚铁钉，掉了一只马掌；掉了一只马掌，丢了一匹战马；丢了一匹战马，败了一场战役；败了一场战役，丢了一个国家。"这是发生在英国查理三世时期的故事，查理准备与里奇蒙德决一死战，战前查理让一个马夫给自己的战马钉马掌，铁匠钉到第四个马掌时，差一个钉子，便偷偷敷衍了事，不久，查理和对方交战，大战中一只马掌忽然掉了，查理被掀翻在地，国家也随之易主。

当然，这样的故事只能发生在冷兵器时代，但它却告诉我们一个简单的道理：细节决定成败。道家创始人老子有句名言："天下大事必作于细，天下难事必作于易。"一个企业即使有了宏伟、英明的战略，如果没有严格、认真的细节执行，也难以成功。不论是企业的内部管理，还是外部的市场营销、客户服务，细节问题都可能关系到企业的前途。

汪中求先生出版的《细节决定成败》一书，影响了上亿中国人的行为模式。他提出的"精细化管理"理念，得到了中国企业界和各级政府的普遍认同。细节决定成败，始终贯穿于他的精细化管理理念之中。

《武汉晨报》有这样一则报道，江汉大学应届毕业生陈某因为一份简历而使他在应聘时栽了跟头。事情的经过是这样的：参加招聘会的那天早上，小陈不慎碰翻了水杯，将放在桌上的简历浸湿了。为尽快赶到会场，小陈只将简历简单地晾了一下，便和其他东西一起匆匆塞进背包。在招聘现场，小陈看中了一家深圳房地产公司的广告策划主管岗位。按照这家企业的要求，招聘人员将先与应聘者简单交谈，再收简历，被收简历的人将得到面试的机会。轮到小陈时，招聘人员问了小陈三个问题后，便向他要简历。小陈受宠若惊地掏出简历后才发现，简历上不光有一大片水渍，而且放在包里一揉，再加上钥匙等东西的划痕，已经不成样子了。看着这份伤痕累累的简历，招聘人员的眉头皱了皱。那份折皱的简历夹在一叠整洁的简历里，显得十分刺眼。三天后，小陈参加了面试，表现非常活跃。当他结束面试走出办公室时，一位负责的小姐对他说："你是今天面试者中最出色的一个。"然而，面试一周后，小陈依然没有得到回复。他急了，忍不住打电话向那位小姐询问情况。小姐沉默了一会，告诉他："其实招聘负责人对你是很满意的，但你败在了简历上。老总说，一个连简历都保管不好的人，是管理不好一个部门的。你应该知道，简历实际上代表的是你的个人形象。将一份凌乱的简历投出去，有失严谨。" 这件事给了小陈深刻的教训，从此，他变得细心起来。他深切地感受到，决定事情成败的，有时往往只是一个小小的细节。

社会上"差不多"先生比比皆是，好像、几乎、将近、大概等，成了"差不多"先生的常用词。就在这些词语一再使用的同时，生产线上的次品出来了，矿山上的事故频频发生了，社会上违章犯纪的事情也屡禁不止。 与"差不多"的观念相应的是人们都想做大事，而不愿意或不屑于做小事。但事实上，正如汪中求先生所说的："芸芸众生能做大事的实在太少，多数人的多数情况总还只能做一些具体的事、琐碎的事、单调的事，也许过于平淡，也许鸡毛蒜皮，但这就是工作，是生活，是成就大事的不可缺少的基础。"

随着经济的发展，专业化程度越来越高，社会分工越来越细，也要求人们做事认真、精细，否则会影响整个社会体系的正常运转。

一台拖拉机，有五六千个零部件，需要几十家企业生产协作；一辆小汽车，有上万个零部件，需要上百家企业生产协作；一架波音747飞机，有上百万个零部件，涉及的企业更多。

在这由成百上千乃至上万的零部件所组成的机器中，每一个部件都容不得哪怕是1%的差错。否则，生产出来的产品不单是残次品、废品的问题，甚至会危害人的生命。澳星发射失败就是细节问题：在配电器上多了一块

0.15毫米的铝物质，正是这块铝物质导致澳星爆炸。所以，要想保证一个由无数个零件所组成的机器正常运转，就必须制定和贯彻执行各类技术标准和管理标准，从技术组织上把各方面的细节有机联系起来，形成一个系统，才能保证生产和工作有条不紊地进行。在这一过程中，每一个庞大的系统都是由无数个细节组合起来的统一体，忽视任何一个细节，都会带来意想不到的灾难。

美国质量管理专家菲利普·克劳斯比曾说："一个由数以百万计的个人行动所构成的公司经不起其中1%或2%的行动偏离正轨。"而且，注重细节、把小事做细不是一件容易的事。丰田汽车社长认为其公司最为艰巨的工作不是汽车的研发和技术创新，而是生产流程中一根绳索的摆放，要不高不低、不偏不歪，并且确保每位技术工人在操作这根绳索时都要无任何偏差。我们不缺少雄韬伟略的战略家，缺少的是精益求精的执行者；不缺少各类规章制度，缺少的是规章不折不扣的执行。我们必须改变心浮气躁、浅尝辄止的毛病，提倡注重细节、把小事做细。

海尔总裁张瑞敏说过一句话："什么是不简单？把每一件简单的事做好就是不简单；什么是不平凡？把每一件平凡的事做好就是不平凡。"这是一个成功的企业家在长期的实践中提炼总结的结果，是我们每一个人必须借鉴的精神财富。

在市场竞争日趋激烈的今天，个人事业的发展与所在企业的发展息息相关。铸造业绩优良、品牌美誉度高的企业，离不开每一位员工的力量。一方面企业要想在竞争中不断发展壮大，需要全体员工从细微做起，从小事做起，从自我做起，要勤奋敬业、忠诚自信。另一方面，个人事业的发展需要依托企业来共同发展。注重细节决定成败，注重细节是成功者的标志。因此，做任何事，务必竭尽全力，务必注重细节，务必精益求精。以主动尽职的敬业态度工作，即使从事最平凡的职业也能创造出辉煌的业绩。

用心对待工作

　　用心对待工作，是企业员工基本的工作态度。一个认真工作的人，只能称作称职；一个用心工作的人，才能称为优秀。用心不但能使我们做好本职工作，更能使我们用长远的眼光规划未来；用心不但能使我们积极面对人生的每一次挑战，更能使我们克服人生路途中的每一次困难。一个不用心工作的人，在人生的舞台上永远只能扮演一个不起眼的角色；只有用心工作的人，才能完美诠释生命的内涵。

　　用心对待工作，是企业员工成就事业的平台。心是事业心，就是要把本职工作当作实现自身价值的一个平台，而不是简单地完成领导交办的一些具体事项。我们的人生抱负和理想，我们的人生追求和期许，都是和本职工作结合在一起的。心是责任心，就是要把我们的责任倾注到工作里，接到工作后，要有一种追求完美、力求更好的愿望。在企业中有一个现象，就是一起招进企业的同事，在同一个起跑线上，但十年之后就会显出层次和差距，并不仅仅是职务上的差别，更主要的是十年之后各自的人生收获。为什么会出现不同？就是因为每个人付出的努力是不一样的。

两个乡下人同时从农村进城卖菜，他们在同一个菜场，菜摊相互挨着。几年过去了，一个已经成为蔬菜批发商，有二百多万资产，而另一个却连生活都保障不了，只得回到乡下。原因在哪里？其实很简单——用心不同。第一个人每次批发回蔬菜后都会认真清理，将黄叶和烂根去掉，将泥沙洗净，摆放得整整齐齐，让人感觉他所卖的蔬菜新鲜、质量好，他也很热情，努力地将菜推销出去，最终他的生意越来越好；而另一个人认为卖菜没有前途，批发回来的蔬菜随意地堆在地上，枯黄的菜叶也不清理，他的菜摊整日无人问津，而他觉得今天卖不出去，还有明天……同样一份职业，用心和不用心大不一样！

很多人常抱怨，工作太平凡，很难干出一番大成就，领导高高在上，根本看不到自己的闪光点。但你是否真的用心对待自己的工作？"不积跬步，无以至千里，不积小流，无以成江海。"没有脚踏实地的态度，没有严谨细致的作风，世界上没有一个人会取得成功。

用心对待工作，是一种态度，更是一种能力。一个用心的企业员工，绝不允许自己粗制滥造，绝不允许自己重复错误、浪费时间。一个用心的企业员工是对自己负责的人，也是对企业、对社会负责的人。这样的人就是社会需要的人。企业员工用心对待工作中的每一个环节、每一个步骤，工作才能出色。因为，成功没有捷径，只有我们比别人多做一点儿，工作用心一点儿，成功才会离我们更近一点儿。用心工作体现了一种态度、一种责任，用心让你的工作效率和质量都得到很大的提高。

东京一家贸易公司的一位女士专门负责给客户购买车票。她常给德国一家大公司的商务经理购买来往于东京与大阪之间的火车票。不久，这位经理发现一个细节：每次去大阪，座位总在右窗口，返回东京时，又总在左窗口。经理询问该女士其中的缘故，她笑着说："外国人都喜欢富士山的壮丽景色，所以我为您买了不同的车票。"这件不起眼的小事，让这位经理十分感动，促使他把对这家公司的贸易额由四百万马克提高到一千二百万马克。

用心对待工作，是一种境界。"世上无难事，只怕有心人"，无论做什么事情，只要我们用心去做，一切问题都会迎刃而解。每一个企业的老板都是十分精明的，他们都希望拥有更多优秀的员工，期望优秀员工给企业带来更多的利润。如果你能够尽力完成自己应该做的事情，迟早会成为企业不可或缺的优秀员工。可惜的是，在实际工作中，很多员工只知道抱怨公司，却不反省自己的工作态度，不知道被公司重用很大程度是建立在用心完成工作的基础上的。他们整天应付工作，心想："工作说得过去就可以了。""现在的工作只是个跳板，那么用心干什么？"结果，他们失去了工作的动力，不能全身心地投入工作，更不能在工作中取得成绩。最终，聪明反被聪明误，失去了本应属于自己的升迁和加薪机会。

一家企业的副总凯普曾入住过希尔顿饭店。一天早上，刚一打开门，走廊尽头站着的服务员就走过来向他问好。让凯普奇怪的是服务员竟喊出了他的名字，这在他多年的出差生涯中从来出现过。

原来，希尔顿饭店要求楼层服务员要时刻记住自己所服务的每个房间的客人的名字，以便提供更细致周到的服务。当凯普坐电梯到一楼的时候，一楼的服务员同样也能够叫出他的名字。服务员解释说："这是因为上面打电话说您下来了。"

早餐，饭店服务员送来点心。凯普问："这道菜中间红的是什么？"服务员上前看了一眼，随即又后退一步作了回答。原来，服务员是为了避免自己的唾沫落到客人的早点上。

其实，对企业员工来说，用心工作才是实现自我发展的途径。因为用心工作是提高自己的最佳方法。你可以把工作当作一个学习机会，这样不但可以获得知识，还可以为以后的工作打下良好的基础。用心工作的员工不用为自己的前途操心，因为他们已经养成了一个良好的习惯，到任何公司都会受到欢迎。相反，在工作中投机取巧或许能让你获得一时的便利，但从长远来看，是有百害而无一利的。无论做什么工作，无论工作环境是松散还是严谨，你都应该用心工作，不要老板一转身就开始偷懒，没有监督就没有工作。你只有在工作中锻炼自己的能力，使自己不断提高，加薪升职的事才能落到你头上。反之，如果你凡事得过且过，从不用心工作，你就会被老板毫不犹豫地排斥在他的选择之外。在平时的工作和生活中，一个优秀的员工要善于利用时间，用心学习，用心思考，用心落实。

怎样才能做一个用心工作的人呢？

一是要有做好工作的信心。要有信心完成工作目标，当然不能盲目自信，我们要把做好工作的信心建立在对工作进行实事求是的分析并作出正确判断的基础上，既不能妄自尊大，也不能妄自菲薄。

二是要有克服困难的决心。做任何工作都会遇到困难，一旦我们确定了工作目标，就要为实现目标而勇于克服困难，不能被困难所吓倒。

三是要有决不放弃的恒心。只要我们确定了工作目标，并且这个目标通过我们的努力是可以实现的，那我们就要有恒心、有毅力，去实现这个目标，绝不能犹豫不决、半途而废。

四是要有热爱工作的真心。表现为对待工作时，思想上真重视、谋划上真负责、要求上真落实。

五是要有勤奋好学的虚心。我们在工作中常常会遇到这样的情况：有些工作是我们熟悉的，做起来可能会得心应手；而有些工作是我们不熟悉的，做起来可能会遇到一些困难。面对不熟悉的工作我们又不能不做，怎么办？等待是没有出路的，最好的办法就是边做边学，边学边做，这样会使我们很快成为行家里手。

第七章 掌握一个关键：协作执行

自觉做到从全局出发，以全局为重，为全局着想，团结协作，共同完成工作任务。

心中有全局

心中有全局者，无论身处何时何地，遇事皆能站在全局的高度观察问题、思考问题、处理问题，自觉做到从全局出发，以全局为重，为全局着想，放眼全局、融入全局、维护全局、服务全局。因此，心有全局体现的是一种"穷则独善其身，达则兼济天下"的人生态度，是一种"先天下之忧而忧，后天下之乐而乐"的优良品质，是一种"居庙堂之高则忧其民，处江湖之远则忧其君"的崇高境界，是团队精神的体现。现实工作中，无论是企业管理者还是企业员工，观形势、看问题、谋思路、作决策、办事情都要以全局为出发点和落脚点，真正做到小我归入大我、小局归入大局、小利归入大利、小理归入大理。

第一，小我归入大我。小我就是个人，大我就是集体。个人和集体永远是一滴水和大海的关系，个人利益必须服从集体利益，只有集体利益得到充分保证的时候，个人的价值才能得到充分体现。如果一个人总是从个人利益出发，打个人的"小算盘"，必然会使集体利益受到损害。集体利益一旦受到损害，个人利益就不会得到保障。小我归入大我，关键是要心中始终装着大我，主动服务大我。

第二，小局归入大局。大局都是由若干个小局组成的。大局是总系统，小局是子系统，子系统的正确运行必须依赖于总系统的统一调度，必须符合总系统的要求。没有总体的战略和统一的指挥，子系统无论怎样高效运行，最终都会"全盘皆输"。从这个意义上说，树立全局观念，最终是为了实现所有局部利益。局部离不开全局，有了全局利益，局部利益才有保障；失去了全局利益，局部利益最终也会失去。

第三，小利归入大利。小利就是眼前利益，大利就是长远利益。眼前利益与长远利益既有一致性，又有矛盾性。一定条件下的眼前利益，是长远利益的基础，与长远利益是一致的。而在特定条件下，眼前利益与长远利益又是矛盾的。只顾眼前利益，长远利益将会受到损失；要想获得长远利益，就要割舍具有诱惑力的眼前利益。因此，每个人想问题、做事情要努力做到站高一步、看远一点、想深一些，既要立足当前，又要着眼长远。

第四，小理归入大理。小理就是小道理，大理就是大道理。无论是小道理，还是大道理，都是做人做事应遵循的规律。小道理，就是个人的世界观、价值观、人生观，就是个人为人处世的基本准则；大道理，则是保证一个国家、一个社会、一个集体正常、有序、和谐运行的规则。大道理是管方向的，是系统化了的小道理；小道理汇成大道理，是大道理的具体化，服务于大道理。当二者发生矛盾的时候，小道理必须服从大道理。

静心悟全局

认清全局，必须具备"识金断玉，隔物观花"的洞察力、"眼观六路，耳听八方"的敏锐力、"登高望远，审时度势"的感悟力。

第一，全局就是"一盘棋"。面对棋局时，高明的"棋手"善于统揽全局，运筹帷幄。要下好"一盘棋"、走好"每步棋"、赢得"一局棋"，必须将棋局视为内部相互联系、密切配合的有机整体，思考问题、处理事情着重从对事物整体影响的角度选择做事的方法、行为和措施，做到对全局心中有数，自觉地服从全局、服务全局，从全局出发，以全局来统揽各项工作，维护好全局的利益。

第二，全局就是"一盏灯"。全局就如同"一盏灯"，它能"照亮"每一个局部、每一个环节。心中若无全局，就像黑暗中行路没有明灯一样，顾此失彼。心中若有全局，就像黑暗中高悬着明灯一样，豁然开朗、胸有成竹。

第三，全局就是"一杆秤"。全局能够权衡利弊，平衡关系，显示公平。所以，全局就是"一杆秤"。心中有全局者，如同心中有杆秤，能够精准地把握处事的着力点和平衡点，恰到好处地做好用力的"加减法"。心中若无全局者，易于偏听偏信，急躁冒进，一意孤行。因此，应以"秤"衡量全局，准确把握事物的发展趋势，选择好自己的人生坐标，取舍得当，实现自己的理想。

第四，全局就是"一面镜"。古人云："以铜为镜，能正衣冠；以史为镜，能知兴衰；以人为镜，能知得失。"可见，镜子具有规范言行、警醒思想、映照心灵的功能。一面镜子，可以照出真善美，也可以照出假丑恶；可以照出是非曲直，也可以照出世间百态。爱照全局这面"镜子"的人，就能够以全局为重，善于反思，鞭策自己。因此，每个人不仅要心中始终高悬一面"明镜"，还要每天擦亮"镜子"，不让其蒙上灰尘，以克已短，以校已律，以修已身。

潜心谋全局

善谋全局者，必定胸怀全局，眼界宽广，认识、分析、研究问题能够见微知著，统筹兼顾，抓住问题的核心与本质；善谋全局者，不会一叶障目不见泰山，也不会只见树木不见森林。

第一，善于"布阵"。"布阵"得当就能充分发挥队伍的战斗力，克敌制胜。善于"布阵"，是统筹兼顾能力的体现，是"运筹于帷幄之中，决胜于千里之外"谋略智慧的展示。谋划好全局，必须准确把握好形势，认真分析双方优劣，采取有效的应对措施，积极调动各种因素，形成整体联动力量，全力实现全局的任务目标。

第二，精于"弹琴"。全局就像弹钢琴一样，要想弹奏出美妙的旋律，必须用好每一个音符，调动一切积极因素，综合利用各种有利条件和优势，为奏出美妙的音乐而服务。首先，十个指头都要动，不能有的动，有的不动，也不能十个指头乱动，必须做到十个指头统一指挥、统一协调、统一联动。其次，十个指头要有节奏地动。对影响演奏的各个方面、各种情况按具体情况，有计划、有步骤地进行处理。最后，十个指头要相互配合，各司其职，不能随心所欲，不听指挥。

第三，勤于"补位"。全局是由若干个局部组成的，每个局部都有其重要的作用，可以说是环环相扣，缺一不可。当一个局部出现"缺位"的时候，作为集体的一员，人人都应该主动去"补位"，确保全局的稳定。只要是有利于集体、有利于团结、有利于群众、有利于发展的事，即使不是自己"分内"的事，也要积极主动地去承担，做到以己之长补其之短、以己之劳解其之难，千万不能出现事不关己、高高挂起的现象。"各人只扫门前雪，哪管他人瓦上霜"的想法和做法是要不得的，到头来不仅损害全局的利益，个人利益也无法保障。

第四，乐于"搭台"。团结就是力量，团结出凝聚力、团结出战斗力、团结出创造力。如果人人讲团结，集体的力量远远大于个人力量的全部释放。如果人人讲团结，就没有解决不了的困难，就没有战胜不了的挫折。因此，每个人都要认真搭好自己的"台"，共同构建一个让人人都能发挥作用的"大舞台"，各展其才，各尽其能，真正做到以诚相待，在相互沟通中消除分歧，在坦诚交流中凝聚共识，在批评与自我批评的氛围中取长补短。

与同事相处是一种缘分

人与人相处是一种缘分，不同人群、不同年龄、不同性格的人组成一个集体，同处于一个部门，成为同事、朋友、挚友，就要珍惜这种缘分。要学会用理解欣赏的眼光去看待对方，真诚相待，而不是以自以为是的眼光挑剔对方。

作为同事，要互尊互爱，珍惜缘分。想问题、办事情要从"大家"出发，多关心少排斥，多支持少挑剔，多谦让少争执；对出现的矛盾和遇到的困难，多沟通少误解，多信任少猜疑，多宽容少计较。面对矛盾、摩擦、误会、纠纷等，要有求同存异的大度雅量，要有克己为人的奉献胸怀。这里，尤其不能长"小心眼"、搞"小动作"、弄"小圈子"，应该把自己的小目标和社会的大目标统一起来，放开眼界，提高境界。

实践证明，与人相处，豁达很重要。做人要豁达包容，只有这样，才能使人彼此认同和理解，才会创造和谐共处的环境。

团队精神是财富

21世纪是一个充满激烈竞争的时代，企业要想做强、做大，关键在于提升企业员工的整体素质，培养一支追求卓越、具有团队精神的员工队伍。

美国微软公司曾使数以百计的雇员成了百万富翁。可令人惊讶的是，他们中许多人在获得巨大财富之后，仍继续留在微软公司工作。在一些人看来，发财就等于取得了辞职的资格证书。但是，微软公司的员工们并不那样认为。如果你知道微软公司的工作条件并不那么舒适，你就会觉得员工们的这种奉献精神难能可贵。比尔·盖茨在谈到微软独特的企业文化时说过："这种企业文化营造了一种氛围，在这种氛围中，开拓性思维不断涌现，员工的潜能得以充分发挥。我们公司所形成的氛围是，你不但拥有整个公司的全部资源，同时还拥有一个能使自己大显身手、发挥重要作用的小而精的班级或部门。每一个人都有自己的主见，而能使这些主见变成现实的则是微软这个团体。我的策略一向是，聘用有活力、具有创新精神的顶尖人才，然后把权力和责任连同资源(人、财、物)一并委托给他们，以便使他们出色地完成任务。"

现代社会充满了竞争，如果一个组织只关注集体的利益，较少关注员工的需求和内心世界，员工的专长在工作中难以得到认可，自身的价值得不到充分体现，也就无法从工作中得到乐趣，也就不会心甘情愿地努力工作。只有让全体员工感觉到自己真正置身于一个大家庭中相互尊重、相互信任、志同道合，团队精神才能得以展现，每一个员工才能热爱这个团队，才能心甘情愿地为这个集体创造财富。

良好的人际关系是资本

良好的人际关系不是金钱，但它却是一种无形的资产，是一笔潜在的财富。如果人们不能正确地处理人际关系，就会使自己处于困难重重的境地。因此，我们要力争建立良好的人际关系。

第一，要注意人际交往的心理效应。人际交往中，对交往对象的认知、态度、情感等会直接影响交往进行的程度。具体包括：一是首因效应，即第一印象，是指初次交往时，从对方的言行、仪表中形成对对方的印象。第一印象是鲜明而强烈的，对人际交往起着重要的作用，并对以后的人际交往起指导性作用。二是光环效应，又称晕轮效应，是指人们常从对方所具有的某个或某些特征而泛化到其他一系列尚不知道的特征。三是近因效应，即交往过程中最近感知的新东西往往占优势，掩盖了以往形成的认识。四是刻板效应，指人们把交往的对象刻板地看成某一类人中的一员。五是投射效应，指与人交往时把自己所具有的某些不好的性格、态度和观念等移植到别人身上，认为别人也是如此。

第二，要形成良好的第一印象。良好的第一印象是人与人交往的基础。在充满竞争、讲求效率的现代社会，尤其是工作环境，交往的成功与否，关系到同事、上下级关系和谐与否，而这些，只需短短几分钟的交往就可见分晓。此时，第一印象就成为交往成功的关键因素。俗话说，良好的开端是成功的一半。那么，如何来塑造良好的第一印象呢？首先，注意仪表。其次，注意谈吐。一个人有没有魅力和才气，最容易从讲话中表现出来。最后，注意行为举止。一个人的行为、动作常常将他的气质、性格表现得淋漓尽致。有人提出了在最初交往时增加良好形象的"SOLER技术"，其中，"S"是指坐时要面对别人；"O"是指姿势自然开放；"L"是指身体微微前倾；"E"是指目光接触；"R"是指放松。

第三，要学会倾听。善于倾听有时比注意自己讲话更重要。在人际交往过程中，认真听别人讲话的人，在别人心目中都会留下良好的印象。试想，当别人不认真听你讲话时，你会有什么感觉呢？学会倾听要做到：一是要有正确的态度。专心地听，态度谦虚，不时注视对方；二是善于用身体语言和语言给对方以必要的反馈。如在听的过程中用点头或"哦""是吗"等向对方表示自己对谈话内容感兴趣；三是不要轻易打断对方的谈话。

第四，要善于扮演自己的社会角色。心理学家戈尔曼认为，人的交往就像演戏，每个人都扮演着不同的角色，并希望赢得别人正面的评价和赞扬。就大多数人来说，一个成功人士应当是这样的：工作时，他（她）是上级，做事雷厉风行，不拖泥带水；回到家，他（她）是丈夫或妻子，心安气静，家中大小事都安排周全，面对孩子，他（她）更是一位合格的父亲或母亲，对孩子宠爱有加，循循善诱。

自发才能自动

什么是自动自发？自动自发是一种源自内心深处的积极主动、对高标准的追求、高度责任感和大公无私的奉献精神。即使身处艰难环境，仍然义无反顾地践行原则、坚守纪律、履行承诺，维护团队坚不可摧的凝聚力；即使冒着生命危险，也义无反顾、责无旁贷地完成组织的使命和任务，激励自己带领团队向更高的目标前进，达成组织愿景。

比尔·盖茨曾说过："一个好员工，应该是一个积极主动去做事、积极主动去提高自身技能的人。这样的员工，不必依靠管理手段去触发他的主观能动性。"李开复也说过类似的话："不要只是被动地等待别人告诉你应该做什么，而是应该主动地去了解自己要做什么，并且规划它们，然后全力以赴地去完成。想想世界上最成功的那些人，有几个是唯唯诺诺、等人吩咐的人？对待工作，你需要以一个母亲对孩子般那样的责任心和爱心全力投入、不断努力。果真如此，便没有什么目标是不能达到的。"

许多刚走上工作岗位的年轻人，大多认为工作是为公司、为老板做的。他们每天在茫然中上班、下班，到了固定的日子领薪水，高兴或者抱怨一番后，继续茫然地上班、下班……他们从不思索工作的意义，所以只是被动地应付工作，而不是创造性地、自动自发地工作。还有些刚刚走上工作岗位的年轻人，面对自己从未接触过的工作，一时有些手足无措，每当领导交代工作任务时，总要问该怎么办。虽然他们遵守纪律、循规蹈矩，但是做事缺乏热情、创造性和主动性，只是机械地完成任务。这样的工作态度永远不会取得事业上的成功。

有三个人到一家建筑公司应聘，经过考试，他们从众多的求职者中脱颖而出。人力资源部经理对他们说了一声"恭喜"后便带他们到一处工地，那儿有几堆摆放得乱七八糟的砖瓦。经理告诉他们每人负责一堆，将那些砖瓦摆放整齐，然后在三人疑惑的目光中离开了。甲说："我们不是被录取了吗？为什么把我们带到这里？"乙说："经理是不是搞错了，我可不是来干这个的。"丙说："别说了，既然让我们干，我们就开始干吧。"说完就开始干活，甲和乙也只好跟着干。还没完成一半，甲和乙就放慢速度："经理已经走了，我们还是歇会儿吧。"于是，甲和乙就到一边休息，而丙却还在继续干着。这样，等经理回来的时候，丙还有十几块就全码齐了，甲和乙完成的还不到一半。经理说："下班时间到了，先下班吧，下午接着干。"甲和乙如释重负般扔掉手里的砖，丙却坚持把最后十几块码齐了。回到公司，经理郑重地对他们说："这次公司只聘用一人，刚才是最后一场考试，恭喜丙，你被录用了。至于甲和乙，你们回去不妨想一下这次自己之所以落聘的原因。"

用这个案例来重新审视我们的工作，工作就不再成为一种负担，即使是最平凡的工作也会变得意义非凡。在工作中，当你发现那些需要做的事情，哪怕并不是分内的事情时，就意味着你发现了超越他人的机会。因为在自动自发地工作的背后，你更多地发挥了想象力和创造力，也拥有了更多的智慧、责任和热情。

执行是一种能力

其实一般人在能力上没有多大差别，关键是你对待事情的态度。做事需要有能力，但是能力再强，没有正确的态度，做起事来也只会敷衍塞责，不会取得成功。那么，最好的执行者是如何工作的呢？一是积极领会上级的意图，二是做好事先的准备工作，三是制定详细的计划，四是克服懒惰的思想，五是提高执行的效率，六是做好事后的总结工作。

日本著名企业家松下幸之助说："一个企业的成功，20%在策略，80%在执行。"美国企业家杰克·韦尔奇也说过："企业目标达成的关键在于企业的执行力。没有执行力，一切都是空谈。"

这些企业家用他们的切身经验告诉我们：一个综合能力强的单位一定是一个执行力强的单位。反过来说，一个执行力强的单位，一定具有很强的综合能力。

一个团队的执行力与综合能力是相辅相成的。要想提高执行力与综合能力，必须提高以下几方面的能力。一是提高领悟能力。做工作前，一定要先弄清楚工作的意图，然后以此为目标来把握做事的方向。二是提高计划能力。执行任何任务都要制订计划，把各项任务按照轻重缓急列出计划表。在计划实施过程中，要预先掌握关键性问题，不能因琐碎的工作而影响了应该做的重要工作。三是提高指挥能力。为了使部属执行已制定的计划，适当的指挥是必要的。指挥部属，首先要考虑工作分配，要检测部属与工作的对应关系，也要考虑指挥的方式，语气不好或目标不明确，都是不好的指挥。而好的指挥可以激发部属的工作热情，提升其责任感与使命感。四是提高协调能力。协调不仅包括内部的上下级、部门与部门之间的协调，也包括与外部客户、关系单位、竞争对手之间的利益协调，最好的协调关系就是实现共赢。五是提高授权能力。一个人的能力是有限的，作为领导不能像业务员那样事事亲历亲为，而要明确自己的职责是培养下属共同成长，为下属的成长创造机会。六是提高判断能力。判断对一个领导来说非常重要，企业经营错综复杂，常常需要领导了解事情的来龙去脉，从而找到问题的症结所在，并提出解决方案。七是提高创新能力。创新是衡量一个人、一个企业是否有核心竞争力的重要标志。这就需要不断学习，不断从工作中发现问题、研究问题、解决问题。

工作要全身心投入

工作中的每一件事情都值得我们认真努力去完成，只有全身心地投入到工作中，才能形成令人满意的执行力。

提升个人执行力，一方面要通过学习和实践锻炼来增强自身的素质，另一方面要端正工作态度。那么，如何树立积极正确的工作态度呢？

一要着眼于"严"，积极进取，增强责任意识。责任心和进取心是做好一切工作的首要条件。责任心的强弱，决定执行力度的大小；进取心的强弱，决定执行效果的好坏。

二要着眼于"实"，脚踏实地，树立实干作风。天下大事必作于细，古今事业必成于实。

三要着眼于"快"，只争朝夕，提高办事效率。不断强化时间观念和效率意识，弘扬"立即行动、马上就办"的工作理念。坚决克服工作懒散、办事拖拉的恶习。

四要着眼于"新"，开拓创新，改进工作方法。只有改革，才有活力；只有创新，才有发展。

第八章 尊重一种风尚：独特服务

■ 企业文化中的独特服务是企业管理者和员工长期学习探索的结果。

乐于学习

　　企业文化中的独特服务是企业管理者和员工长期学习探索的结果。乐于学习是企业独特服务文化形成的重要途径。"知之者不如好之者，好之者不如乐之者。"这是孔子一直所推崇的学习态度，其中"知之"属于学习的最低境界，相当于"要我学"；而"乐之"则是学习的最高境界，相当于"我要学"。孔子这句话为我们揭示了一个浅显易懂的道理，即兴趣是成功之母。如果员工把学习作为一种爱好，成为一种自觉行为，那么，对于新知识、新技术、新理念的学习他就会觉得很轻松，心情就会很愉悦，反之亦然。在信息时代，企业员工只有主动学习新知识、主动掌握新技术、不断接受新理念，才能提高自己各方面的综合素质，才能在企业中有所作为。

　　要善于学习。一位哲学家曾说过："未来的文盲不是不识字的人，而是没有学会怎样学习的人。"善于学习是企业或个人最基本、最重要的能力。没有善于学习的能力，其他能力也就不可能存在，因此也就很难去具体执行。这就给了广大的企业员工一个启示：只有善于学习、不断学习，才能提高自己的工作能力，进而为自己在岗位上取得成功创造有利条件。

　　企业如同一个生命体。生命体最重要的特征就是有思想、有文化。只有不断吸纳新知识、更新理念，并付诸

第八章 尊重一种风尚：独特服务

103

不懈的努力，才能逐渐形成独特的企业文化，使企业立于不败之地。

通威集团总裁刘汉元，经过十八年的创业，使企业成为国内最大的水产饲料及主要畜禽饲料生产商。他所在的集团拥有四千多名员工，正在向世界水产业霸主地位前行。2002年，他被《财富》杂志认定为全球四十岁以下最成功的商人。在亚洲仅有十三人获此殊荣。作为一个规模如此大的企业的老板，刘汉元的时间是非常紧张的，他的办公桌上总是摆满了商务文件。然而，不管多忙，每月月底他都要飞到北京大学光华管理学院参加EMBA班的学习。

当今社会，一切均在不断的发展变化中，而且发展变化的速度不断加快。这个社会中，唯一不变的就是变化。要想适应世界的变化，跟上社会的变化速度，必须努力学习，学习能力是一个成功者必须具备的能力，是未来新一代成功人士的第一特质。

追求新知

知识经济时代，企业的竞争主要是人才和知识的竞争，人才和知识是企业发展的真正动力，谁拥有强有力的智力资源，谁就会在竞争中取胜。知识取代劳动力和物质资源，逐渐成为企业产品价值的核心要素，成为企业创造物质财富的主要资源。企业的发展及其效益的提高，在一定意义上取决于人才和知识要素的作用，比如，在生产要素市场上，获取具有先进科技知识和先进管理知识的人才，比获取货币资本还要困难，它们越来越成为企业竞争的重要资源。因此，在企业文化建设中，企业要确立创新意识，强化知识管理，切实把人才资源看作是企业的宝贵资源，要以知识和创新来激活人力资源，创造良好的环境，以便获取更大的创新能力、竞争优势和更高的经济效益，从而推动企业持续健康发展。

知识经济社会，知识、技术的更新日益加快，新的知识产生新的产业和新的职业，此时，知识将成为最重要的经济因素，也成为分配的主要因素。因此，企业要提高竞争力，就要教育管理者和员工认清社会发展趋势，树立终身学习的观念；不断学习，不断创新，在工作过程中不断吸纳新知识、掌握新技术；不断提高自己的能力，适应知识经济条件下的快节奏变化，使自己的能力在企业发展中充分展示出来。

20世纪80年代初，刘氏兄弟以一千元人民币起家，回村孵鸡、孵鹌鹑。通过大量阅读相关书籍，数年后，刘氏兄弟成为全国的鹌鹑大王，但刘氏兄弟在鹌鹑养殖事业顶峰时，看到了危机。于是，他们决定开发希望牌高档猪饲料，并很快占领成都市场。1998年，刘氏兄弟在饲料行业达到顶峰时，进行资产重组，向其他相关领域发展。

刘氏兄弟的几次成功转型，和他们的勤奋好学、居安思危是分不开的。因此，现代企业必须具有变革求知意识，以适应经济社会发展的需要。

第一，不断追求新知识，迅速适应瞬息万变的社会。只有不断学习，不断充实自我，才能"百尺竿头，更进一步"。

第二，了解、关注周边发生的事情，收集对自己的业务有用的信息，开阔视野，提高业务能力。

第三，理性思考，善于变革。只有理性思考，善于变革，企业发展才能符合自然规律和社会发展规律。

创新才有生命力

创新是企业、企业家的本质。现代成功的企业，都是在市场竞争中准确把握发展机会、不断开拓新的产业、创造新的经营方式、开拓新的市场业务的必然结果。企业要创新，必须具有一定数量的具有创新能力的高层次管理者和员工。可以说，企业的创造性人才是企业发展的决定性因素，是企业发展的根本。

企业创新的重要标志，就是争创名牌，就是产品高科技化、智能化，就是产品质量有保证。企业创新的核心是技术创新，技术创新对企业的发展有着极为重要的推动作用，是企业获得竞争优势的核心。企业只有通过技术创新才能真正发展自己，才能具有竞争力。无数企业兴衰成败的事实证明，只有提高开发创新能力，抓好产品结构的调整和升级，实现技术突破，才能立于不败之地，才能赢得竞争优势，才能达到获得最大经济效益的目的。

杨绵绵在谈到2012年海尔最大的挑战时，只提了两个字：转型。这个转型，对海尔来说，就是把八万人真正变成两千多个自主经营体，让原来的管理层从"下指令者"变为"资源提供者"。杨绵绵说："海尔转型的关键，在于能不能真的在市场体现出十倍速的效果来。"同时，她也指出这是一个实现起来很有难度的目标。不过，海尔内部已经出现了她所说的"十倍速"案例。公司在青岛有一个由十八个人组成的"海尔冰箱三门型号"经营体。这个团队在2011年创造的净收入高达数十亿元。如果这是一家公司，在青岛市可以排进前二十位。该团队负责人蒲显开表示，他们的目标在于创造市场。当然，这十八个人的背后，是海尔企业平台的支持。为了适应市场的快速变化，及时满足用户个性化需求，公司创造了六大模块化平台，可以像搭积木一样，组合成一百多种不同的产品，满足全世界不同用户的需求。

海尔集团的创新发展过程，对任何企业的发展都具有启发意义。首先，企业要根据市场需求和用户需要不断创新，适时调整方向。决策层要有战略眼光，科学决策，这是企业成功的前提。其次，企业的成功，不是看谁在跑道上跑得有多快，而是看谁一开始就跑对了方向。再次，一个品牌的成功离不开产品质量和消费者的认可。最后，企业的成功还在于要遵循价值规律。

求胜必得

求胜必得是支撑企业取胜的精神文化。现实中，企业求胜的欲望+企业的挫折+……=成功。从这个意义上说，失败乃成功之母。事实上，多位上榜的亿万富翁，在职业生涯早期，信念上坚持求胜必得，实际中却遭遇了挫折。

医药巨头柯尔克的第一次风险投资以惨败告终，这次经历令他感到遗憾但同时也心存感激。他曾在2007年向《福布斯》透露："早期的失败虽然不是成功的充分条件，但却是必要条件。"

对冲基金经理人菲乐·费尔康曾说，20世纪90年代初他实施的一次拙劣的收购使他得到了"几个宝贵的教训，这些教训对我在担任对冲基金经理人时取得的成功产生了深远影响"。

这些人在面对挫折时从不气馁，求胜的决心最终使他们收获了成功。企业成功除了求胜必得的信念外，还必须具有求胜必得的基础和条件。首先，要善于进行战略定位和规划，这是取胜的前提。企业在面对不断变化的市场环境时，对可能发生的重要事件应及时作出灵敏和正确的反应，准确预测和把握本行业产品、技术的变化方向及趋势，调整企业发展方向，适应市场变化。其次，要加大科技开发资金的投入，调动科研、工程技术人员的积极性和创造性，积极引进科技人才和专利技术，开展产学研结合，积极吸收高校、科研机构的成果，同时加强对知识产权的保护和管理工作。以市场为导向，以合作为突破口，研究开发具有自身特色的新产品、新技术，使企业在市场中获得先机。最后，要打造属于自己的品牌。品牌可以从小做起，由小做强，在做强的基础上做大。

求胜欲望在华为公司有着很好的体现，他们用狼代表他们的文化，因为狼有三个特性。第一，嗅觉特别灵敏，哪里有血腥味就会冲到哪里，他们把这个解释为商机；第二，狼寒天出动，就是市场的状况再险恶，华为也不会畏缩；第三，狼通常都是成群结队，这表示狼发扬了很好的团队精神。正是秉持着这种精神，华为将它的产品打入了美国市场。

求胜必得的欲望是一切行动的源泉，是人生必备的条件，也是支持企业发展的动力。当然，人的欲望形形色色，其中不乏偏激、劣等的欲望。此类欲望对人生有害无益，应当压抑和克制。

优质服务

"服务"一词几乎每个人都不陌生，但如果要回答"什么是服务"，相信没有几个人能说清楚。"服务"和"管理"一样，很多学者也都给它下过定义。由于它是看不到、摸不着的东西，而且应用的范围越来越广，难以简单概括，所以直到今天，也没有一个权威的定义能为人们所普遍接受。

服务在古代是"侍候，服侍"的意思，随着时代的发展，服务被不断赋予新的含义。社会学意义上的服务，是指为别人、为集体的利益而工作或为某种事业而工作。经济学意义上的服务，是指以等价交换的形式，为满足企业、公共团体或其他社会公众的需要而提供的劳务活动，它通常与有形的产品联系在一起。我们认为，服务就是本着诚恳的态度，为别人着想，为别人提供方便或帮助。

"企业就是服务"。企业从产生起就是为客户提供优秀服务的。企业和服务就像一对兄弟，谁也离不开谁。优质的服务，可以造就一个成功的企业。

海尔车队有位于师傅，开车时喜欢听音乐。一次他接待了一位来自欧洲的客户，客户上车后，于师傅开始放音乐并通过车内的反光镜，观察坐在后边的客户喜不喜欢他放的音乐，如果喜欢就把音量开大一点，不喜欢就放小一点或关掉。这次他放的是腾格尔的《在银色的月光下》，那位客户在后边随着音乐边听边晃，直说这音乐真好听，也要买一盘。说完之后，客户下了车，要司机一个小时之后再来接她。于师傅这时想，她在青岛人生地不熟，去哪里买呢？于是就买了一盘一样的碟片，待客户上车时送给了客户，那位客户非常感动，连连称赞海尔为客户考虑得太周到了。

企业的成功在于优质的服务。不过，这里所说的服务，内涵更为宽泛一些。一是行为服务。只有优质的服务，才能赢得客户的信任和依赖。二是产品服务。只有优化产业结构，才能让消费者满意、放心。三是质量服务。要寻找自身缺点并改进，让服务的质量更上一层楼。四是理念上的服务。要有创新性思维，让消费者保持新鲜感。

企业和消费者亲如一家

　　有两组统计数字颇耐人寻味：1955年美国《幸福》杂志列出的全球五百强企业，如今仅存1/3，它们或破产或倒闭或被兼并收购；而世界一千家破产倒闭的大企业中，85%是由企业家决策失误导致的。其实，即使不摆出这些数据，企业家们也知道企业的战略决策意味着什么，用"一着不慎，满盘皆输"来形容企业的战略决策一点也不为过。有时企业家作出的决策会偏离预计的轨道，这是因为决策过多地体现"老总意志"，没有真正贴近消费群体，没有在理解消费者的基础上进行规划。离开消费者何谈市场，没有市场哪有企业的生存发展？企业财富的源泉最终是落脚在消费者身上的。那么，怎样走近消费者？零点集团董事长袁岳梳理出了一条理解消费者的脉络，即关注用户—人—人群—文化。

　　企业要做的就是通过与消费者的互动，摸透他们的心思，进而达到引导其消费行为的目的。在当今产品趋于同质化的时代，消费者选择的机会实在太多了，如果对已取得的成绩沾沾自喜，就会成为"井底之蛙"，视野越来越窄，对市场和消费者的认识越来越狭隘，试想，这样的企业怎能把更多的消费者揽入麾下，成为企业忠实的追随者？

　　不仅如此，企业还应该看得更多、更远。要根据消费者的性别、年龄、教育程度等特点组成不同的组合，根据他们的消费心理、消费习惯概括成若干种类型，企业掌

第八章　尊重一种风尚：独特服务

111

握了这种共性，"量体裁衣"就更具针对性。

当然，划分人群的依据是很自由的，完全看企业的需要。比如，是谁在驱动上海的手机市场？这个问题似乎很难回答，但假如把消费者分群研究后，就可以发现，在上海，最多最先购买最新款手机的是女中学生。得出这个结论后，手机厂商既可以根据这类人群的消费特点来设计新的产品，目标被锁定，想"逃"也难；也可以关注这类目标消费群之外的、对产品并没有太大兴趣的人群，通过反复推敲，归纳出他们的特征，进而把他们争取过来。

企业关注聚焦消费人群的意义还在于，选择群体作为单位来研究消费者，归根结底就是把人的社会属性考虑进去，因为人与人之间错综复杂的关联对消费行为有很大的影响。

当然，要理解消费者，研究个体人和群体人，最终的归宿是对现象背后文化的探索，从文化这个层面来揣摩消费者是最高明的。

每个员工都代表公司

对企业来说，客户的满意不限于一线服务，而是来自全体员工，因为每个员工都代表着企业，而且，二线员工的服务给客户创造的满意度更高。如果公司是一个"家"，那么员工就是血液，"家"的壮大离不开新鲜血液的注入。员工作为企业的一分子，就要为它奉献光和热，这是企业员工的责任和义务。

客户张先生在某酒店外和儿子放鞭炮。不经意间，张先生发现距离他们父子放鞭炮十多米的地方，有一个保安拎着一个灭火器静静地站在那里，看着这一对快乐的父子。刹那间，张先生心头涌起一种莫名的感动。燃放完所有的鞭炮后，张先生父子高高兴兴地回家了。张先生洗完手，透过房间的玻璃窗，看到那个保安正拿着簸箕和笤帚，清理他们父子燃放鞭炮所遗留的纸屑垃圾。所有垃圾被清走后，刚才还满目狼藉的场地又恢复了整洁的面貌，保安脸上露出了灿烂的笑容，张先生脸上也露出了欣慰的笑容。张先生说，这件事情他已经在公司培训时讲给了全体员工，并号召全体员工学习这种工作精神。

有人认为，客户的满意，要么是企业产品质量让客户满意，要么是销售人员、售后服务人员的服务让客户满意。这样想当然没有错，但对现代企业而言，让客户满意不能局限于此。实际上，企业各岗位员工都不能懈怠，他们的言行代表着企业的形象。

顾客永远是对的

建在深圳洪湖的沃尔玛，墙上有两条醒目的标语：

1.顾客永远是对的；

2.顾客如果有错误，请参看第一条。

沃尔玛创始人山姆·沃尔顿说："事实上，顾客能够解雇我们公司的每个人，他们只需要到其他的地方去花钱，就可以做到这一点。"衡量企业成功与否的重要标准就是顾客满意的程度。由于沃尔玛在行业的影响力，一时间这句话传遍了大江南北。"顾客永远是对的""顾客第一""服务第一"等类似的口号被众多的企业作为宗旨，并出现在许多企业的广告创意中。

上海南京路上一家百货公司的经营者本着人无我有、人有我精的原则，进口大量国外的高档商品，深受上海富裕家庭的欢迎。那些服务生都受过培训，懂英文、广东话和上海话，对所售商品极为熟悉。更为重要的是，公司的服务理念棋高一着，顾客进入百货公司，首先映入眼帘的便是由一条霓虹灯做的英文标语：Customers are always right（顾客永远是对的）。当时热水袋是一种医疗用具，一位女顾客逛百货公司时提出可否帮她改制一下，以便随身携带取暖。公司立即看到其中的商机，专门去美国定制了一批为妇女日常取暖用的热水袋。

"顾客永远是对的"具有一定的哲理，它使员工和顾客保持一定的和谐，让员工不容易和顾客产生对立，也让员工和顾客的关系能够维持下去，因此，受益的不只是员工，也包括公司。没有顾客，商家就会倒闭，所以商家为了生存，肯定会把顾客当作上帝。第一，顾客是商品的购买者，而不是麻烦制造者。第二，顾客最了解自己的需求，爱好，这恰恰是企业最需要搜集的信息。

参考文献

1.周三多.管理学[M].第三版.北京：高等教育出版社，2010.

2.张德.组织行为学[M].第二版.北京：清华大学出版社，2011.

3.车慈慧.市场营销[M].北京：高等教育出版社，2007.

4.王晶.生产运作管理[M].北京：清华大学出版社，2011.

5.池仁勇.项目管理[M].北京：清华大学出版社，2005.

6.宿春礼.思路决定出路[M].北京：华夏出版社，2008.

7.[美]威廉·大内.Z理论[M].北京：中国社会科学出版社，1984.

8.马树林.企业家创新的故事[M].北京：中国经济出版社，2009.

9.[美]雷恩·爱尔伍德.品牌必读[M].张天艳，译.北京：新华出版社，2003.

10.吴江.人才是最活跃的先进生产力[N].中国组织人事报，2013-01-10.

11.徐鸣.七十年前国际饭店的企业文化[N].新民晚报，2012-02-20.

12.王社平.企业文化是企业科学发展的原动力[N].光明日报，2011-12-17.